T0209825

Anti-Stress-Trainer

Reihe herausgegeben von
Peter Buchenau
The Right Way GmbH
Waldbrunn, Deutschland

Stress ist in unserem Privat- und Berufsleben alltäglich und ist laut WHO die größte Gesundheitsgefährdung im 21. Jahrhundert. Die durch Stress verursachten Krankheitskosten erreichten bereits jährlich die Milliarden-Euro-Grenze. Jeder Mensch ist aber verschieden und reagiert unterschiedlich auf Stress. Als Ursache lässt sich Stress nicht einfach und oft erst spät erkennen, sodass Prävention und Behandlung erschwert werden. Die Anzahl der durch Stress bedingten Erkrankungen nimmt folglich weiter zu, Ausfälle im Berufsleben sind vorprogrammiert. Die Anti-Stress-Trainer-Reihe setzt sich mit dieser Thematik intensiv in einem beruflichen Kontext auseinander. Initiator Peter Buchenau gibt Experten aus unterschiedlichen Branchen die Möglichkeit, für Ihr jeweiliges Fachgebiet präventive Stressregulierungsmaßnahmen unterhaltsam und leicht verständlich zu beschreiben. Ein kompaktes Taschenbuch von Profis für Profis, aus der Praxis für die Praxis. Leserinnen und Leser, egal ob Führungskräfte, Angestellte oder Privatpersonen, erhalten praxiserprobte Stresspräventionstipps, die in ihrem spezifischen Arbeits- und Lebensumfeld eine Entlastung bringen können.

Weitere Bände in der Reihe
http://www.springer.com/series/16163

Markus Euler

Der Anti-Stress-Trainer für Vertriebsleiter

Vertriebserfolg maximieren – Stress minimieren

Mit einem Beitrag von
Peter Buchenau

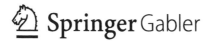

Markus Euler
Münster (Hessen), Deutschland

Anti-Stress-Trainer
ISBN 978-3-658-28264-6   ISBN 978-3-658-28265-3 (eBook)
https://doi.org/10.1007/978-3-658-28265-3

Die Deutsche Nationalbibliothek verzeichnet diese Publikation in der Deutschen Nationalbibliografie; detaillierte bibliografische Daten sind im Internet über http://dnb.d-nb.de abrufbar.

Springer Gabler
© Springer Fachmedien Wiesbaden GmbH, ein Teil von Springer Nature 2020

Cover Design: deblik Berlin

Springer Gabler ist ein Imprint der eingetragenen Gesellschaft Springer Fachmedien Wiesbaden GmbH und ist ein Teil von Springer Nature.
Die Anschrift der Gesellschaft ist: Abraham-Lincoln-Str. 46, 65189 Wiesbaden, Germany

Vorwort

Seitdem ich im Vertrieb bin, habe ich großen Respekt vor Vertriebsleitern und deren Arbeit. Ich bin überzeugt, ich tue niemandem weh, wenn ich sage, dass Vertrieb oftmals aus einem „bunten Haufen" von Individuen besteht, der hoch engagiert und sensibel daherkommt und der dazu beiträgt, dass die Produkte und Dienstleistungen von Unternehmen auch dahin kommen, wo sie hingehören: zum Kunden! Dieser wiederum sorgt dafür, dass Unternehmen gut wirtschaften und sich weiterentwickeln können. Kaum ein Bereich im Unternehmen spürt die Bewegungen der Märkte, gesellschaftliche Entwicklungen oder technologische Veränderungen so stark wie der Vertrieb. Und Veränderungen auf Kundenseite strahlen ebenso in den Vertrieb aus. Wechselnde Ansprechpartner, neue Produkte der Wettbewerber, Preiskämpfe (teils Preiskriege) oder technologische Innovationen sorgen dafür, dass es im Vertrieb kaum ein Ausruhen gibt. Und deshalb sind die Menschen im Vertrieb erfolgreich, die genau diese Situation gut bewältigen können, die vielleicht auch ein bisschen verrückt sind – im positiven Sinne.

Und wer sich dann noch in eine Führungsposition begibt, um tagtäglich Entscheidungen zum Wohle und Schutz des Unternehmens und der eigenen Mitarbeiter zu treffen, der sollte vorher genau wissen, auf was er oder sie sich da einlässt. Es ist die Arbeit mit Menschen, die stetige Veränderung, neue Herausforderungen und das gemeinsame Feiern von Erfolgen.

Ein ständiger Begleiter hierbei ist der Stress. Auch ich bin seit 20 Jahren Verkäufer und weiß, dass zeitweise ein gewisses Maß an Stress notwendig ist, um Höchstleistungen zu erbringen. Ja, manche brauchen den Stress wirklich. Aber die Betonung liegt bewusst auf „ein gewisses Maß". Denn ich habe auch schon eine Menge Vertriebsmitarbeiter und Führungskräfte erlebt, denen es irgendwann einmal den Boden unter den Füßen weggezogen hat. Mit diesem Buch möchte ich einen Beitrag leisten, dass Sie Ihre eigenen Stressfaktoren erkennen und in der Lage sind, mit diesen umzugehen. Und zwar bevor der Stress Sie erwischt hat. Jeder muss selbst entscheiden, welche Stressoren das sind. In der Führungsarbeit gibt es noch eine ganze Reihe weiterer Faktoren, die stressfördernd wirken. Sie alle in diesem kleinen Buch zu bearbeiten wäre nicht möglich gewesen. Aus diesem Grund habe ich mich überwiegen auf Faktoren konzentriert, welche die Organisation, die Führung von Menschen und die Kommunikation mit diesen betrifft. Und die Auseinandersetzung mit sich selbst, der eigenen Rolle, den Erwartungen und Gefühlen.

Noch ein Hinweis, der mir wichtig ist. Ich verwende in diesem Buch aus Gründen der besseren Lesbarkeit überwiegend die männliche Form. Diese bezieht sich aber immer auf Personen aller Geschlechter.

Und nun wünsche ich Ihnen viel Spaß bei der Lektüre. Wenn Sie Fragen oder Kommentare haben, kommen Sie gerne auf mich zu. Sie erreichen mich per E-Mail unter: antistresstrainer@markus-euler.de

Münster (Hessen)   Markus Euler
Dezember 2019

Inhaltsverzeichnis

Über den Autor

Markus Euler ist seit zwei Jahrzehnten im Vertrieb und im Verkauf unterwegs. Als Trainer und Coach unterstützt er Unternehmen dabei, neue Kunden zu gewinnen und diese an sich zu binden. Fast alle seiner Kunden sind Marktführer oder unter den „Top 5" ihrer Branche. Sein Motto: „Hört auf zu verkaufen!". Kunden benötigen heute keine „sprechenden Kataloge" mehr, sondern einen Partner, der sie dabei unterstützt, die richtigen Entscheidungen zu treffen und die besten Lösungen zu finden. Nicht immer bequem, aber immer auf Augenhöhe. In Workshops und besonders in Einzelcoachings ist er ein erfahrener Sparringspartner für Führungskräfte, die sich gemeinsam mit ihren Teams den

Herausforderungen des Vertriebs und der zunehmenden Komplexität der Geschäftswelt stellen und hohe Ziele erreichen wollen. Als Buchautor hat er sich einen Namen als Vertriebsexperte gemacht, der pragmatisch und methodisch fundiert vorgeht und Menschen im Vertrieb ein hohes Maß an Energie gibt, so dass diese schnell in die Umsetzung kommen. Er arbeitet mit Unternehmen zusammen, die größtmögliche Vertriebserfolge mit hoher Kundenzufriedenheit verbinden. Fernab von oberflächlichen Parolen, Druckverkauf und vertrieblichen „Kalendersprüchen".

In seinen Büchern und seinem erfolgreichen Podcast „Das Abenteuer Verkaufen" gibt er immer wieder wertvolle Tipps und regt unweigerlich zum Nachdenken an. Als Personal Coach und Psychologischer Berater arbeitet er auch mit Privatpersonen, die sich persönlich oder beruflich (neu) orientieren und weiterentwickeln wollen.

Weitere Infos unter www.markus-euler.de

1

Kleine Stresskunde

Peter Buchenau

1.1 Das Adrenalinzeitalter

Leben auf der Überholspur: Sie leben unter der Diktatur des Adrenalins. Sie suchen immer den neuen Kick, und das nicht nur im beruflichen Umfeld. Selbst in der Freizeit, die Ihnen eigentlich Ruhephasen vom Alltagsstress bringen sollte, kommen Sie nicht zur Ruhe. Mehr als 41 Prozent aller Beschäftigten geben bereits heute an, sich in der Freizeit nicht mehr erholen zu können. Tendenz steigend. Wen wundert es?

Anstatt sich mit Power-Napping (Kurzschlaf) oder Extrem-Couching (Gemütlichmachen) in der Freizeit Ruhe und Entspannung zu gönnen, macht die Gesellschaft vermehrt Extremsportarten wie Fallschirmspringen, Paragliding, Extremclimbing oder Marathon zu ihren Hobbys. Jugendliche ergeben sich dem Komasaufen, der Einnahme von verschiedensten Partydrogen oder verunstalten ihr Äußeres massiv durch Tattoos und Piercing. Sie hasten nicht nur mehr und mehr atemlos durchs Tempoland Freizeit,

© Springer Fachmedien Wiesbaden GmbH, ein Teil von Springer Nature 2020
M. Euler, *Der Anti-Stress-Trainer für Vertriebsleiter*, Anti-Stress-Trainer, https://doi.org/10.1007/978-3-658-28265-3_1

sondern auch durch das Geschäftsleben. Ständige Erreich-
barkeit heißt die Lebenslösung. Digitalisierung und mobile
virtuelle Kommunikation über die halbe Weltkugel bestim-
men das Leben. Wer heute seine E-Mails nicht überall on-
line checken kann, wer heute nicht auf Facebook, Instagram
& Co. ist, ist out oder schlimmer noch, der existiert nicht.

Klar, die Anforderungen im Beruf werden immer komplexer. Die Zeit überholt uns, engt uns ein, bestimmt unseren
Tagesablauf. Viel Arbeit, ein Meeting jagt das nächste, und
ständig klingelt das Smartphone. Multitasking ist angesagt,
und wir wollen so viele Tätigkeiten wie möglich gleichzeitig
erledigen.

Schauen Sie sich doch mal in Ihren Meetings um. Wie
viele Angestellte in Unternehmen beantworten in solchen
Treffen gleichzeitig ihre E-Mails oder schreiben WhatsApp-
Nachrichten? Kein Wunder, dass diese Mitarbeiter dann nur
die Hälfte mitbekommen und Folgemeetings notwendig
sind. Ebenfalls kein Wunder, dass das Leben einem davon-
rennt. Aber wie sagt schon ein altes chinesisches Sprichwort:
„Zeit hat nur der, der sich auch Zeit nimmt." Zudem ist es
unhöflich, seinem Gesprächspartner nur halb zuzuhören.

Das Gefühl, dass sich alles zum Besseren wendet, wird
sich mit dieser Einstellung nicht einstellen. Im Gegenteil:
Alles wird noch rasanter und flüchtiger. Müssen Sie dafür
Ihre Grundbedürfnisse vergessen? Wurden Sie mit Stress
oder Burnout geboren? Nein, sicherlich nicht. Warum müssen Sie sich dann den Stress antun?

Zum Glück gibt es dazu das Adrenalin. Das Superhor-
mon, die Superdroge der High-Speed-Gesellschaft. Bei
Chemikern und Biologen auch unter $C_9H_{13}NO_3$ bekannt.
Dank Adrenalin schuften Sie wie ein Hamster im Rad.
Schneller und schneller und noch schneller. Sogar die Frei-
zeit läuft nicht ohne Adrenalin. Der Stress hat in den letz-
ten Jahren dramatisch zugenommen und somit auch die
Adrenalinausschüttung in Ihrem Körper.

Schon komisch: Da produzieren Sie massenhaft Adrenalin und können dieses so schwer erarbeitete Produkt nicht verkaufen. Ja, nicht mal verschenken können Sie es. In welcher Gesellschaft leben Sie denn überhaupt, wenn Sie für ein produziertes Produkt keine Abnehmer finden?

Deshalb die Frage aus betriebswirtschaftlicher Sicht an alle Unternehmer, Führungskräfte und Selbstständigen: Warum produziert ihr ein Produkt, das ihr nicht am Markt verkaufen könnt? Wärt ihr meine Angestellten, würde ich euch wegen Unproduktivität und Fehleinschätzung des Marktes feuern.

Stress kostet Unternehmen und Privatpersonen viel Geld. Gemäß einer Studie der Europäischen Beobachtungsstelle für berufsbedingte Risiken (mit Sitz in Bilbao) vom 04.02.2008 leidet jeder vierte EU-Bürger unter arbeitsbedingtem Stress. Im Jahre 2005 seien 22 Prozent der europäischen Arbeitnehmer von Stress betroffen gewesen, ermittelte die Institution. Abgesehen vom menschlichen Leid bedeutet das auch, dass die wirtschaftliche Leistungsfähigkeit der Betroffenen in erheblichem Maße beeinträchtigt ist. Das kostet Unternehmen bares Geld. Schätzungen zufolge betrugen die Kosten, die der Wirtschaft in Verbindung mit arbeitsbedingtem Stress entstehen, 2002 in den damals noch 15 EU-Ländern 20 Milliarden Euro. 2006 schätzte das betriebswirtschaftliche Institut der Fachhochschule Köln diese Zahl alleine in Deutschland auf 80 bis 100 Milliarden Euro.

60 Prozent der Fehltage gehen inzwischen auf Stress zurück. Stress ist mittlerweile das zweithäufigste arbeitsbedingte Gesundheitsproblem. Nicht umsonst hat die Weltgesundheitsorganisation WHO Stress zur größten Gesundheitsgefahr im 21. Jahrhundert erklärt. Viele Verbände, wie zum Beispiel der Deutsche Managerverband, haben Stress und Burnout auch zu zentralen Themen ihrer Verbandsarbeit erklärt.

1.2   Was sind die Ursachen?

Die häufigsten Auslöser für den Stress sind der Studie zufolge unsichere Arbeitsverhältnisse, hoher Termindruck, unflexible und lange Arbeitszeiten, Mobbing und nicht zuletzt die Unvereinbarkeit von Beruf und Familie. Neue Technologien, Materialien und Arbeitsprozesse bringen der Studie zufolge ebenfalls Risiken mit sich.

Meist Arbeitnehmer, die sich nicht angemessen wertgeschätzt fühlen und auch oft unter- beziehungsweise überfordert sind, leiden unter Dauerstress. Sie haben ein doppelt so hohes Risiko, an einem Herzinfarkt oder einer Depression zu erkranken. Anerkennung und die Perspektive, sich in einem sicheren Arbeitsverhältnis weiterentwickeln zu können, sind in diesem Umfeld viel wichtiger als nur eine angemessene Entlohnung. Diesen Wunsch vermisst man meist in öffentlichen Verwaltungen, in Behörden sowie Großkonzernen. Gewalt und Mobbing sind oft die Folge.

Gerade in Zeiten von Wirtschaftskrisen bauen Unternehmen und Verwaltungen immer mehr Personal ab. Hetze und Mehrarbeit aufgrund von Arbeitsverdichtung sind die Folge. Zieht die Wirtschaft wieder an, werden viele offene Stellen nicht mehr neu besetzt. Das Ergebnis: Viele Arbeitnehmer leisten massive Überstunden. 59 Prozent haben Angst um ihren Job oder ihre Position im Unternehmen, wenn sie diese Mehrarbeit nicht erbringen, so die Studie.

Weiter ist bekannt, dass Druck (also Stress) Gegendruck erzeugt. Druck und Mehrarbeit über einen langen Zeitraum führen somit zu einer Produktivitätssenkung. Gemäß einer Schätzung des Kölner Angstforschers Wilfried Panse leisten Mitarbeiter schon lange vor einem Zusammenbruch 20 bis 40 Prozent weniger als gesunde Mitarbeiter.

Wenn Vorgesetzte in diesen Zeiten zudem Ziele schwach oder ungenau formulieren und gleichzeitig Druck ausüben, erhöhen sich die stressbedingten Ausfallzeiten, die dann von den etwas stressresistenteren Mitarbeitern aufgefangen werden müssen. Eine Spirale, die sich immer tiefer in den Abgrund bewegt.

Im Gesundheitsbericht der Deutschen Angestellten Krankenkasse (DAK) steigt die Zahl der psychischen Erkrankungen massiv an, und jeder zehnte Fehltag geht auf das Konto stressbedingter Krankheiten. Gemäß einer Studie des DGB bezweifeln 30 Prozent der Beschäftigten, ihr Rentenalter im Beruf zu erreichen. Frühverrentung ist die Folge. Haben Sie sich mal für Ihr Unternehmen gefragt, wie viel Geld Sie dort für durch Stress verursachte Ausfallzeiten bezahlen? Oder auf den einzelnen Menschen bezogen: Wie viel Geld zahlen Sie für Ihre Krankenversicherung und welche Gegenleistung bekommen Sie von der Krankenkasse dafür?

Vielleicht sollten die Krankenkassen verstärkt in die Vermeidung stressverursachender Aufgaben und Tätigkeiten investieren, anstatt Milliarden unüberlegt in die Behandlung von gestressten oder bereits von Burnout betroffenen Menschen zu stecken. In meiner Managerausbildung lernte ich bereits vor 20 Jahren: „Du musst das Problem an der Wurzel anpacken." Vorbeugen ist immer noch besser als reparieren.

Beispiel: Bereits 2005 erhielt die London Underground den Unum Provident Healthy Workplaces Award (frei übersetzt: den Unternehmens-Gesundheitsschutz-Präventionspreis) der britischen Regierung. Alle 13.000 Mitarbeiter der London Underground wurden ab 2003 einem Stressregulierungsprogramm unterzogen. Die Organisation wurde angepasst, die Vorgesetzten auf Früherkennung und stressreduzierende Arbeitstechniken ausgebildet, und alle Mitarbeiter wurden über die Gefahren von Stress und Burnout aufgeklärt. Das Ergebnis war verblüffend. Die Ausgaben, bedingt durch Fehlzeiten der Arbeitnehmer, reduzierten sich um 455.000 britische Pfund, was einem Return on Invest von 1:8 entspricht. Mit anderen Worten: Für jedes eingesetzte britische Pfund fließen acht Pfund wieder zurück ins Unternehmen. Eine erhöhte Produktivität des einzelnen Mitarbeiters war die Folge. Ebenso verbesserte sich die gesamte Firmenkultur. Die Mitarbeiter erlebten einen positiven Wechsel in Gesundheit und Lifestyle.

Wann hören Sie auf, Geld aus dem Fenster zu werfen? Unternehmer, Führungskräfte, Personalverantwortliche und Selbstständige müssen sich deshalb immer wieder die Frage stellen, wie Stress im Unternehmen verhindert oder gemindert werden kann, um Kosten zu sparen und um somit die Produktivität und Effektivität zu steigern. Doch anstatt in Stresspräventionstrainings zu investieren, stehen landläufig weiterhin die Verkaufs- und Kommunikationsfähigkeiten des Personals im Fokus. Dabei zahlt sich, wie diese Beispiele beweisen, Stressprävention schnell und nachhaltig aus: Michael Kastner, Leiter des Instituts für Arbeitspsychologie und Arbeitsmedizin in Herdecke, beziffert die Rentabilität: „Eine Investition von einem Euro in eine moderne Gesundheitsförderung zahlt sich nach drei Jahren mit mindestens 1,8 Euro aus."

1.3   Überlastet oder gar schon gestresst?

Modewort Stress … Der Satz „Ich bin im Stress" ist anscheinend zum Statussymbol geworden, denn wer so viel zu tun hat, dass er gestresst ist, scheint eine gefragte und wichtige Persönlichkeit zu sein. Stars, Manager und Politiker gehen hier mit schlechtem Beispiel voran und brüsten sich in der Öffentlichkeit damit, „gestresst zu sein". Stress scheint daher beliebt zu sein und ist immer eine willkommene Ausrede.

Es gehört zum guten Ton, keine Zeit zu haben, sonst könnte ja Ihr Gegenüber meinen, Sie täten nichts, seien faul, hätten wahrscheinlich keine Arbeit oder seien ein Versager. Überprüfen Sie mal bei sich selbst oder in Ihrem unmittelbaren Freundeskreis die Wortwahl: Die Mutter hat Stress mit ihrer Tochter, die Nachbarn haben Stress wegen der neuen Garage, der Vater hat Stress, weil er die Winterreifen wechseln muss, der Arbeitsweg ist stressig, weil so viel Verkehr ist, der Sohn kann nicht zum Sport, weil die Hausaufgaben ihn stressen, der neue Hund stresst, weil die Tochter, für die der Hund bestimmt war, Stress mit ihrer besten Freundin hat – und dadurch keine Zeit.

Ich bin gespannt, wie viele banale Erlebnisse Sie in Ihrer Familie und in Ihrem Freundeskreis entdecken.

Gewöhnen sich Körper und Geist an diese Bagatellen, besteht die Gefahr, dass wirkliche Stress- und Burnoutsignale nicht mehr erkannt werden. Die Gefahr, in die Stressspirale zu geraten, steigt. Eine Studie des Schweizer Staatssekretariats für Wirtschaft aus dem Jahr 2000 untermauerte dies bereits damit, dass sich 82 Prozent der Befragten gestresst fühlen, aber 70 Prozent ihren Stress im Griff haben. Entschuldigen Sie meine provokante Aussage: Dann haben Sie keinen Stress.

Überlastung … Es gibt viele Situationen von Überlastung. In der Medizin, Technik, Psyche, Sport etc. hören und sehen wir jeden Tag Überlastungen. Es kann ein Boot sein, welches zu schwer beladen ist. Ebenso aber auch, dass jemand im Moment zu viel Arbeit, zu viele Aufgaben, zu viele Sorgen hat oder dass ein System oder ein Organ zu sehr beansprucht ist und nicht mehr richtig funktioniert. Beispiele können das Internet, das Stromnetz oder das Telefonnetz sein, aber auch der Kreislauf oder das Herz.

Die Fachliteratur drückt es als „momentan über dem Limit" oder „kurzzeitig mehr als erlaubt" aus. Wichtig ist hier das Wörtchen „momentan". Jeder von uns Menschen ist so gebaut, dass er kurzzeitig über seine Grenzen hinausgehen kann. Jeder von Ihnen kennt das Gefühl, etwas Besonderes geleistet zu haben. Sie fühlen sich wohl dabei und sind meist hinterher stolz auf das Geleistete. Sehen Sie Licht am Horizont und sind Sie sich bewusst, welche Tätigkeit Sie ausführen und zudem, wie lange Sie an einer Aufgabe zu arbeiten haben, dann spricht die Stressforschung von Überlastung und nicht von Stress. Also dann, wenn der Vorgang, die Tätigkeit oder die Aufgabe für Sie absehbar und kalkulierbar ist. Dieser Vorgang ist aber von Mensch zu Mensch unterschiedlich. Zum Beispiel fühlt sich ein Marathonläufer nach 20 Kilometern überhaupt nicht überlastet, aber der übergewichtige Mensch, der Schwierigkeiten hat, zwei Stockwerke hochzusteigen, mit Sicherheit. Für ihn ist es keine Überlastung mehr, für ihn ist es Stress.

1.4   Alles Stress oder was?

Stress … Es gibt unzählige Definitionen von Stress, und leider ist eine Eindeutigkeit oder eine Norm bis heute nicht gegeben. Stress ist individuell, unberechenbar, nicht greifbar. Es gibt kein Allheilmittel dagegen, da jeder Mensch Stress anders empfindet und somit auch die Vorbeuge- und Behandlungsmaßnahmen unterschiedlich sind.

Es gilt dabei immer zu unterscheiden zwischen negativem Stress – ausgelöst durch im Geiste unmöglich zu lösende Situationen – und positivem Stress, welcher in Situationen entsteht, die subjektiv als lösbar wahrgenommen werden. Sobald Sie begreifen, dass Sie selbst über das Empfinden von freudvollem Stress (Eu-Stress) und leidvollem Stress (Di-Stress) entscheiden, haben Sie Handlungsspielraum.

Bei **positivem Stress** wird eine schwierige Situation als positive Herausforderung gesehen, die es zu bewältigen gilt und die Sie sogar genießen können. Beim positiven Stress sind Sie hoch motiviert und konzentriert. Stress ist hier die Triebkraft zum Erfolg.

Bei **negativem Stress** befinden Sie sich in einer schwierigen Situation, die Sie noch mehr als völlig überfordert. Sie fühlen sich der Situation ausgeliefert, sind hilflos, und es werden keine Handlungsmöglichkeiten oder Wege aus der Situation gesehen. Langfristig macht dieser negative Stress krank und endet oft im Burnout.

1.5   Burnout – die letzte Stressstufe

Burnout … Als letzte Stufe des Stresses tritt das so genannte Burnout auf. Nun helfen keine Medizin und keine Prävention mehr; jetzt muss eine langfristige Auszeit unter professioneller Begleitung her. Ohne fremde Hilfe können Sie der Burnoutspirale nicht entkommen. Die Wiedereingliederung eines Burnoutklienten zurück in die Arbeitswelt ist sehr aufwendig. Meist gelingt das erst nach einem Jahr Auszeit, oft auch gar nicht.

Nach einer Studie der Freiburger Unternehmensgruppe Saaman aus dem Jahr 2007 haben 45 % von 10.000 befragten Managern Burnoutsymptome. Die gebräuchlichste Definition von Burnout stammt von Maslach & Jackson aus dem Jahr 1986: „Burnout ist ein Syndrom der emotionalen Erschöpfung, der Depersonalisation und der reduzierten persönlichen Leistung, das bei Individuen auftreten kann, die auf irgendeine Art mit Leuten arbeiten oder von Leuten beeinflusst werden."

Burnout entsteht nicht in Tagen oder Wochen. Burnout entwickelt sich über Monate bis hin zu mehreren Jahren, stufenweise und fortlaufend mit physischer, emotionaler und mentaler Erschöpfung. Dabei kann es immer wieder zu zwischenzeitlicher Besserung und Erholung kommen. Der fließende Übergang von der normalen Erschöpfung über den Stress zu den ersten Stadien des Burnouts wird oft nicht erkannt, sondern als „normale" Entwicklung akzeptiert.

Reagiert der Betroffene in diesem Zustand nicht auf die Signale, die sein Körper ihm permanent mitteilt und ändert der Klient seine inneren oder äußeren Einfluss- und Stressfaktoren nicht, besteht die Gefahr einer sehr ernsten Erkrankung. Diese Signale können dauerhafte Niedergeschlagenheit, Ermüdung, Lustlosigkeit, aber auch Verspannungen und Kopfschmerzen sein. Es kommt zu einer kreisförmigen, gegenseitigen Verstärkung der einzelnen Komponenten. Unterschiedliche Forschergruppen haben auf der Grundlage von Beobachtungen den Verlauf in typische Stufen unterteilt.

Wollen Sie sich das alles antun?

Leider ist Burnout in den meisten Firmen ein Tabuthema – die Dunkelziffer ist groß. Betroffene Arbeitnehmer und Führungskräfte schieben oft andere Begründungen für ihren Ausfall vor – aus Angst vor negativen Folgen, wie zum Beispiel dem Verlust des Arbeitsplatzes. Es muss ein Umdenken stattfinden!

Wen kann es treffen? Theoretisch sind alle Menschen gefährdet, die nicht auf die Signale des Körpers achten. Vorwiegend trifft es einsatzbereite und engagierte Mitarbeiter, Führungskräfte und Selbstständige. Oft werden diese auch von Vorgesetzten geschätzt, von Kollegen bewundert, vielleicht auch beneidet. Solche Menschen sagen auch nie „Nein"; deshalb wachsen die Aufgaben, und es stapeln sich die Arbeiten. Dazu kommt oft, dass sich Partner, Freunde und Kinder über zu wenig Zeit und Aufmerksamkeit beklagen. Wie Sie „Nein" sagen erlernen, erfahren Sie später.

Aus eigener Erfahrung kann ich sagen, dass der Weg zum Burnout anfänglich mit kleinsten Hinweisen gepflastert ist, kaum merkbar, unauffällig, vernachlässigbar. Es bedarf einer hohen Achtsamkeit, um diese Signale des Körpers und der realisierenden Umwelt zu erkennen. Kleinigkeiten werden vergessen, und vereinbarte Termine werden immer weniger eingehalten. Hobbys und Sport werden – wie bei mir geschehen – erheblich vernachlässigt. Auch mein Körper meldete sich Ende der neunziger Jahre mit leisen Botschaften: Schweißausbrüche, Herzrhythmusstörungen, schwerfällige Atmung und unruhiger Schlaf waren die Symptome, die anfänglich nicht von mir beachtet wurden.

Abschlusswort
Eigentlich ist Burnout- oder Stressprävention für Vertriebsleiter ganz einfach. Tipps gibt es überall und Zeit dazu auch. Sie, ja Sie, Sie müssen es einfach nur tun. Viel Spaß und Unterhaltung beim nun folgenden Beitrag von Markus Euler.

2

Führung und Vertrieb im Wandel

2.1 Vertrieb 2030 – (fast) alles ändert sich

Das Bild des Vertriebsleiters, wie wir ihn heute kennen sieht ungefähr so aus:

Er ist oft ein ehemaliger Top-Verkäufer und soll eine heterogene Gruppe von Individuen auf Basis eines gemeinsamen „Big Pictures" und hohen Zielvorgaben zum Erfolg führen. Er begibt sich mit seiner Mannschaft auf eine Reise, die geprägt ist von hartem Wettbewerb, dem Kampf um Margen und Kunden. Dazu kommen interne Spielchen auf Mitarbeiter- und Unternehmensebene. Er ist Coach, Motivator, Richter, Stratege und Therapeut in Personalunion. Er investiert viel Zeit und Energie darauf, die Loyalität der Mitarbeiter dem Unternehmen gegenüber aufrechtzuerhalten und sie zu Höchstleistungen zu führen. Er versucht, durch die Verteilung von Aufgaben, Gebieten und Zuständigkeiten die besten Ergebnisse zu erzielen und muss immer

© Springer Fachmedien Wiesbaden GmbH, ein Teil von Springer Nature 2020
M. Euler, *Der Anti-Stress-Trainer für Vertriebsleiter*, Anti-Stress-Trainer, https://doi.org/10.1007/978-3-658-28265-3_2

wieder zwischen den Sales-Rockstars und den weniger erfolgreichen Mitarbeitern vermitteln, weil innerhalb des Teams Verteilungs- und Machtkämpfe entstehen. Das Tagesgeschäft wird dominiert von Besprechungen, Dokumentationen, Regelungen, Vorschriften, Prozessen und immer noch viel „Papierkram".

Die Rolle des Verkäufers hat sich spürbar verändert (vgl. Abb. 2.1)
Was ist den letzten Jahren passiert?

* Viele Unternehmen haben sich von ihrem Außendienst verabschiedet und Aufgaben in den Vertriebsinnendienst verlagert oder „outgesourct".
* Vertriebliche Aktivitäten haben sich in andere Unternehmensbereiche verlagert oder werden zusätzlich dort ausgeführt (Cross-Selling im Kundenservice oder im technischen Helpdesk).
* Es werden immer öfter (agile) Projektteams gebildet, die sich nach gewisser Zeit auflösen oder neu formieren.
* Die Digitalisierung hat Einzug in den Vertrieb gefunden, neue Technologien unterstützen beim Sammeln und Auswerten von Daten über die Kunden und deren Entwicklung. Komplexität und Dynamik steigen im Unternehmen und in der Geschäftswelt.
* Immer mehr Unternehmen verkaufen ihre Produkte und Dienstleistungen (auch) über das Internet.
* Die sozialen Medien haben sich zu einem wichtiger Marketing- und Vertriebskanal entwickelt. Die Stimme des Kunden wird immer „lauter".

Die neue Generation der Verkäufer hat teilweise komplett andere Aufgaben als der „typische" Verkäufer, den wir noch kennen. Immer noch werden viele Verkäufer belächelt

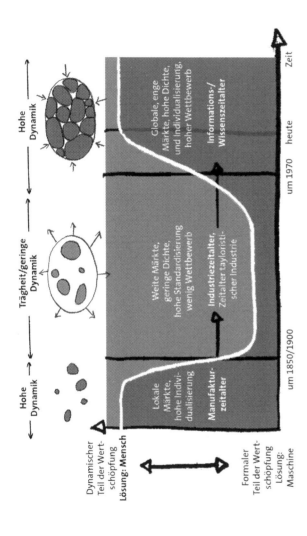

Abb. 2.1 Dynamik (© Niels Pfläging)

und nicht als Verkäufer akzeptiert, wenn sie sich als Berater bezeichnen. Sie hören Aussagen wie: „Berater können/wollen nicht verkaufen", „Berater sind keine richtigen Verkäufer" usw.

Es gibt tatsächlich noch eine Reihe von Produkten und Dienstleistungen, die nicht erklärungsbedürftig oder beratungsintensiv sind. Aber braucht man dafür wirklich noch Verkäufer? Dafür gibt es „Selfservice" und Onlineshops, die zumindest auch Ansätze von Beratung ermöglichen. Der klassische Verkäufer ist an einigen Stellen ein Auslaufmodell.

Aber nicht nur unsere Arbeitswelt wird immer komplexer, sondern auch die Produkte und Dienstleistungen. Dadurch ergeben sich heute zwei entscheidende Faktoren, die immense Auswirkungen auf die Beziehung zwischen Unternehmen und Kunden haben:

> 1. Die Komplexität der Produkte und Dienstleistungen
> 2. Die Dynamik in den Unternehmen

Je geringer beide Faktoren ausgeprägt sind, umso eher ist noch der klassische Verkäufer gefragt, der hier seine bewährten Fähigkeiten einsetzen kann. Nehmen Dynamik und/oder Komplexität zu, kommt der Verkäufer mit Nutzenargumentationen, Produktinformationen oder Abschlusstechniken nicht mehr weiter oder gar nicht erst zum Zuge.

Wenn wir von Vertriebsmitarbeitern oder Verkäufern sprechen, sind es vier verschiedene Rollen mit teilweise sehr unterschiedlichen Kompetenzen (vgl. Abb. 2.2).

1. Der „klassische Verkäufer" (der dem Kunden das Produkt vorführt)
2. Der Fachexperte (der dem Kunden das Produkt in einer tieferen Ebene erklärt)

KUNDENSITUATION	KUNDE BRAUCHT
Geringe Komplexität der Produkte + geringe Dynamik	**LIEFERANTEN** = Verkäufer
Hohe Komplexität der Produkte + geringe Dynamik	**FACHEXPERTEN** = Spezialisten
Geringe Komplexität der Produkte + hohe Dynamik	**NAVIGATOR** = Verkäufer, der den Kunden durch den Prozess führen kann.
Hohe Komplexität der Produkte + hohe Dynamik	**BERATER/COACH** = Verkäufer, der dem Kunden hilft, die wirklichen Themen zu erkennen.

Abb. 2.2 Verkäufertypen

3. Der Begleiter/Navigator (der den Kunden durch den Prozess führt)
4. Der Berater/Coach (der den Kunden erst auf den richtigen Weg bringt)

Dies erfordert heute schon die Arbeit in „Vertriebsteams", die sich – je nach Anforderung – zusammenfinden.

Die Generationen „Y" und „Z" brauchen keine Vorgesetzten, sondern Supporter

Viele Vertriebsmitarbeiter waren in der Vergangenheit froh, wenn ihnen Entscheidungen und Verantwortung abgenommen wurden. Wenn Sie heute einen Mitarbeiter der „Generation Y" einstellen, wird dieser höchstwahrscheinlich andere Ansprüche haben. Das eigene Selbstmanagement und die Übernahme von Verantwortung stehen bei diesen Mitarbeitern ganz weit vorne. In welchen Punkten unterscheiden sie sich außerdem von Kolleginnen und Kollegen der Jahrgänge bis 1980?

* Sie nutzen wie selbstverständlich moderne Technik und erwarten dies auch bei ihrer Arbeit. Sie sind privat bereits voll digitalisiert und vernetzt.
* Sie sind anpassungs- und veränderungsbereit, verlangen daher Abwechslung und wenig Routine.
* Sie sind wissbegierig, das Lernen fällt ihnen leicht. Sie entwickeln sich schnell weiter.
* Sie sind keine Einzelkämpfer, lieben stattdessen die Zusammenarbeit.
* Sie wollen schnell vorankommen (Karriere).
* Sie legen weniger Wert auf Statussymbole, wollen stattdessen mehr Freiheit und Wahlmöglichkeiten (flexible Arbeitszeiten, Home-Office).

Als Führungskraft dieser Mitarbeiter haben Sie die Aufgabe, die dafür notwendigen Rahmenbedingungen zu schaffen, damit sie diese Fähigkeiten auch einsetzen können und motiviert bleiben. Das bedeutet in vielen Fällen, dass der Vertriebsleiter erst einmal die Organisation „fit machen" muss. Kurze Wege, schnelle Entscheidungen, die entsprechende IT-Infrastruktur und eine Reihe anderer Faktoren müssen überdacht oder gänzlich neu gedacht werden, damit die Organisation nicht zum Bremsklotz für leistungsbereite Mitarbeiter im Vertrieb wird.

Vom Vorgesetzten zum Managing Partner

Der Vertriebsleiter wird vom Vorgesetzten zum Managing Partner. Viele Aufgaben der klassischen Führungsarbeit werden durch die Selbststeuerung des einzelnen Mitarbeiters ersetzt oder fallen ganz weg. Führungskräfte, die sich an diese Aufgaben „geklammert" und aus Angst vor Kontrollverlust nicht abgegeben haben, müssen das Loslassen lernen. Wer nicht loslassen kann, bekommt Stress. Aber es ist sinnvoll loszulassen, denn nur dann entsteht Zeit und Raum für die neuen, wichtigen Aufgaben. Zeit, um „Leitplanken" zu erschaffen, die auf Vertrauen, Integrität und der Antwort auf die Frage „**Warum machen wir das hier?**" aufbauen.

Der Begriff des Arbeitgebers wird wohl mehr und mehr verschwinden. Kunden sind längst zu Partnern geworden, der Mitarbeiter sieht das Unternehmen bald auch als Partner, das es ihm ermöglicht, seine privaten und beruflichen Ziele zu erreichen. Eigenverantwortlich und aktiv verfolgen die Mitarbeiter die eigenen Ziele, zum Teil selbst definiert oder durch ständige Veränderungen immer wieder neu kalibriert. Führungskräfte nehmen immer mehr die Rolle des Strategen und Coaches an, die den Mitarbeitern Orientierung und Sicherheit bieten. Führung bekommt eine neue

Qualität. Wir werden das Zusammenwachsen von Management und Leadership erleben.

Allgemeine Modelle werden durch individuelle, passgenaue Modelle ersetzt

Die klassischen Vergütungsmodelle, die auf Incentivierung und Monetarisierung bauen, werden durch individuelle, auf den Mitarbeiter zurechtgeschnittene Modelle ersetzt. Vertriebsleiter müssen die Anforderungs- und Stellenprofile so gestalten, dass sie sowohl den Anforderungen der „Generation Millennium" als auch denen der Mitarbeiter 55+ entsprechen. Und damit verändern sich zwangsläufig auch die Kompetenzprofile der Führungskräfte. Die Schlüsselkompetenzen lauten nun Flexibilität, Veränderungsbereitschaft, Kommunikation und Lernbereitschaft. Voraussetzung dafür ist eine agile Organisation mit flachen Hierarchien, flexiblen Prozessen sowie bereichsübergreifender Zusammenarbeit. Wirklicher Zusammenarbeit. Diese ermöglicht es Führungskräften und Mitarbeitern gleichermaßen, die neu erworbenen Kompetenzen auch effektiv einzusetzen. Im operativen Geschäft dominieren kurzfristige und projektorientierte Ansätze, temporäre Organisationsformen lösen fest eingefahrene und „betriebsblinde" Bereichsstrukturen ab. Die Kommunikationsfähigkeit der Führungskräfte wird zum erfolgskritischsten Hebel. Wer nicht zielgerichtet, kontext- und situationsbezogen kommunizieren kann, hat verloren.

Heute genügt es oft noch, den Mitarbeitern zu vermitteln, WIE die Ziele aussehen und WAS die Aufgaben des Teams und jedes einzelnen Mitarbeiters sind. Nicht nur die „Millenniums", sondern auch alle anderen Mitarbeiter werden zukünftig Antworten auf das WARUM und WOZU benötigen, um diese Aufgaben auch motiviert und fokussiert erfüllen zu können. Dazu später mehr.

Der Zusammenhang zwischen Flexibilität und Erfolg wird immer bedeutender. Budgets ändern sich in kürzeren Zyklen, strategische Ziele werden „über den Haufen" geworfen, im Verlauf von Kampagnen ändern sich Zuständigkeiten, Rollen und Meinungen. Ziele und Aufgaben müssen dann schnell angepasst, die Kommunikation in Richtung des Kunden oder Interessenten optimiert werden. Grundsätzlich sorgen Veränderungen dieser Art für ein höheres Stressempfinden. Wie können wir uns darauf vorbereiten?

Die Personalentwicklung muss heute schon durch Plan- und Rollenspiele die Führungskräfte dazu befähigen, gute Entscheidungen in unerwarteten Situationen zu unerwarteten Zeitpunkten so gut wie möglich bewältigen zu können.

Ziel ist eine möglichst hohe Ambiguitätstoleranz. Ambiguität (lat. ambiguitas = Doppelsinn) bedeutet Mehrdeutigkeit und der Umgang mit dieser. Die Fähigkeit, Vieldeutigkeit und Unsicherheit zur Kenntnis zu nehmen, diese auszuhalten und kluge Entscheidungen treffen zu können. Sie können sich vorstellen, wie schnell in solchen Szenarien negativer Stress entstehen kann.

Abschließend ein paar Leitgedanken zu Führung und der eigenen Rolle:

Führungskräfte im Vertrieb sind „Ermöglicher", die Mitarbeiter ermutigen, einladen und inspirieren, sich für etwas Gemeinsames einzusetzen. Etwas, das sie antreibt, motiviert und als Leuchtturm auf dem Weg zur Zielerreichung dient.

Vertriebsorganisationen müssen lernen, sich vom Einzelkämpfer- und Konkurrenzdenken hin zu einer Gemeinschaft zu entwickeln, die alle Energien und Kompetenzen bündelt, um erstklassige Leistungen zu bringen und über sich hinaus zu wachsen.

Die Führungskräfte der Zukunft werden unabhängige und heterogene Teams führen, die ihnen nicht immer direkt unterstellt sind. Sie werden auf Machtansprüche zugunsten einer zielführenden Zusammenarbeit über Hierarchien und

Positionen verzichten. Sie sind offen für neue Ideen und Methoden, die dazu führen, dass Integrität und Loyalität die Grundpfeiler der Zusammenarbeit bilden und Höchstleistungen ermöglichen.

Künstliche Intelligenz wird in Zukunft Teile der Vertriebswelt stark beeinflussen und Aufgaben übernehmen, die bis dahin von Menschen erbracht wurde. Der Wert des einzelnen Mitarbeiters wird in den Bereichen Kreativität und Emotionalität weiter steigen und dem Vertrieb/Unternehmen deutliche Wettbewerbsvorteile verschaffen.

Im Vertrieb wird es daher wieder mehr „menscheln". Und damit steigen eben auch die Bedeutung und die Qualität der zwischenmenschlichen Beziehungen und Kompetenzen. Es lohnt nicht, sich dagegen zu wehren, sondern dies als eine Chance zu sehen, die „Ressource" Mensch tatsächlich als hohes Gut anzusehen und zu fördern. Weg vom „Wir sind ja auch nur Menschen", hin zu „Wir sind Menschen, und das ist gut so".

2.2   Die fünf Säulen des Sales-Leadership

Auf die Frage, was einen Manager von einem Leader unterscheidet, antwortete ein Kunde von mir wie folgt:

Manager sprechen *zu* ihren Mitarbeitern, Leader sprechen *mit* ihnen und hören ihnen gut zu.

Ich finde diese Definition sehr treffend, da sie keine Tätigkeiten oder Fähigkeiten beschreibt, auch wenn das auf den ersten Blick so aussieht. Mein Kunde sprach hier von Haltung.

Das für Deutschland typische „Schwarz-Weiß-Denken" sorgt dafür, dass man sich heute in der Führung entweder zum Manager oder Leader zuordnen muss (siehe Tab. 2.1).

Tab. 2.1 Was unterscheidet einen Manager von einem Leader?

Manager	Leader
Setzen Methoden und Tools ein, damit die Mitarbeiter für sie erfolgreich arbeiten.	Sehen es als wichtigstes Ziel an, dass die Mitarbeiter ihnen folgen und vertrauen.
Bringen ihre Mitarbeiter dazu, möglichst viele Abschlüsse zu machen und die Ziele zu erreichen.	Achten neben den Kennzahlen auch auf die Gefühle und das Wohlbefinden der Mitarbeiter.
Haben Angst vor Fehlern. Den eigenen und denen der Mitarbeiter.	Akzeptieren Fehler und lassen diese zu. „Ermutigen" zum Verlassen der Komfortzone.
Führen durch mehr oder weniger Druck und durch „Drohszenarien".	Führen durch Leidenschaft, positive Zielsetzung und Begeisterung.

Ich bin überzeugt, dass Führungserfolg beides benötigt: eine visionäre, leidenschaftliche Führung, gepaart mit einem soliden und auf Ordnung ausgerichteten Management.

Die Basis dafür bilden insgesamt fünf Säulen: Vertrauen, Klarheit, Kompetenz, Beitrag/Sinn und Emotionen. Sie sind die belastbare Grundlage erfolgreicher Führung im Vertrieb, der durch hohe Dynamik, Emotionalität und einem großen Anteil von Beziehungsgeflechten gekennzeichnet ist. Wenn Menschen herausragende Leistungen erbringen sollen, dann benötigen sie ein ganz bestimmtes „Setting", ein aus verschiedenen Faktoren vernetztes Konstrukt, welches es ihnen ermöglicht, sich voll und ganz auf sich, die Situation und die Zielsetzungen zu fokussieren. Um alle Energie in die Waagschale werfen zu können. Natürlich werden Sie vielleicht anmerken, dass es doch weit mehr als nur fünf Punkte gibt. Sie haben natürlich recht. Aufgrund meiner Erfahrung in der Zusammenarbeit mit Führungskräften und Mitarbeitern im Vertrieb komme ich aber zu dem Schluss, dass immer dann, wenn Führungskräfte genau diese Punkte auf dem inneren Radar haben und gezielt daran arbeiten, ihre Mitarbeiter Top-Leistungen erbringen.

2.2.1 VERTRAUEN

„Alles Reden ist sinnlos, wenn es an Vertrauen fehlt"
(Franz Kafka)

Vertrauen und Kontrolle – das erfolgreiche Doppel

Vertrauen ist der der Dreh- und Angelpunkt guter Beziehungen. Das Vertrauen zwischen Führungskraft und Mitarbeiter, das Vertrauen innerhalb des Teams und des Unternehmens und das Vertrauen zu den Kunden. Die Zeiten, wo Vertrauen „billig" erkauft werden konnte und Mitarbeiter das eigene Denken eingestellt und munter drauflosgearbeitet haben, sind vorbei. Wer kein Vertrauen erhält oder Vertrauen geben kann, wird nicht erfolgreich sein. Mit dem Wissen, das Vertrauen ihrer Führungskraft im Rücken zu haben, können Vertriebsmitarbeiter über sich hinauswachsen. Für viele Führungskräfte ist der wichtigste Schritt dahin, dass sie ihre eigenen Glaubenssätze zum Thema Vertrauen überdenken. Früher galt es als notwendig, dass man sich Vertrauen erst erarbeiten oder verdienen musste. Aber mal ehrlich: Haben Sie dazu heute noch die nötige Zeit?

Und hat ein Mitarbeiter, den man selbst eingestellt hat es nicht verdient, dass man ihm Vertrauen schenkt? Vertrauen verläuft nach dem Gesetz der Reziprozität. Habe ich das Gefühl, dass du mir vertraust, dann vertraue ich auch dir. Machen Sie als Führungskraft den Anfang. Ihre Mitarbeiter werden es ihnen dadurch danken, dass sie ihre Arbeit mit weniger Angst, mit mehr Mut und Selbstvertrauen tun. Ohne dauernd auf „Nummer Sicher" zu gehen, Risiken zu vermeiden oder sogar Misstrauen zu entwickeln.

* Vertrauen und Kontrolle schließen sich nicht aus, sondern ergänzen sich. Finden Sie eine gute Balance. Je weniger Kontrolle, umso mehr entstehen Freiheit und Verantwortung. Kontrollieren Sie so viel wie nötig, so wenig wie möglich.

* Bauen Sie „Misstrauenselemente" ab. Wenn Mitarbeiter das Gefühl haben, dass sie immer wieder etwas tun müssen, was aus Misstrauen heraus begründet ist, dann kann kein Vertrauen entstehen.
* Kommunizieren Sie, dass Sie vertrauen. Sagen sie es den Mitarbeitern wörtlich: „Ich vertraue dir da voll und ganz", „Ich traue dir das zu, weil …".
* Geben Sie den Mitarbeitern die Erlaubnis, Fehler machen zu dürfen und eigene Fehler zu entdecken. Durch dieses Vertrauen geben Sie ihnen automatisch mehr Verantwortung.
* Lassen Sie die Mitarbeiter auf ihrer Ebene selbstständig und frei zusammenarbeiten. Selbststeuernde Teams stärken Ihre Rolle als vertrauensvolle Führungskraft. Lassen Sie Dinge auch einfach einmal laufen.

Und – ganz wichtig: Vertrauen Sie sich selbst!

2.2.2 KLARHEIT

> „Unklare Worte sind wie ein blinder Spiegel."
> (aus China)

Führung braucht Klarheit! Unklarheit ist Gift für jede Art von zwischenmenschlichen Beziehungen und für produktive Zusammenarbeit. Ohne Klarheit dreht sich das Gedankenkarussell und Interpretationen übernehmen das Steuer, oft in Begleitung negativer Gedanken. Worum geht es? Was meint der andere wirklich? Ist das so richtig, was ich tue? Steckt da noch etwas dahinter? Die meisten Führungsprobleme sind auf Unklarheiten zurückzuführen.

Unklarheit lähmt, raubt Energie und führt schlimmstenfalls zum falschen Ziel. Klarheit heißt im Übrigen nicht, alles so auszusprechen, wie es einem gerade in den Sinn kommt. Oder den anderen persönlich anzugreifen. Im

Gegenteil! Je höher der Anteil inhaltlicher Klarheit, umso wichtiger ist die Art und Weise, wie diese vermittelt wird. Hier gilt immer noch der Leitsatz: „Je härter in der Sache, desto weicher zur Person". Gute Führungskräfte wissen das und sorgen dafür, dass die Klarheit nicht zu Verletzungen führt.

Manche schieben die Mitarbeiter oder andere vor, wenn sie begründen, warum sie klare Aussagen vermeiden. „Das kann man dem Mitarbeiter so nicht sagen, das muss man etwas besser verpacken". Nein, nein und nochmals nein. Klarheit ist ein Zeichen von Wertschätzung dem Mitarbeiter gegenüber, unabhängig davon, ob die Botschaft gerade angenehm ist oder nicht. Verstecken Sie sich nicht hinter weichgespülten Formulierungen und übertriebenen „Feedback-Sandwiches", weil sie zu viel für den Mitarbeiter denken.

Denn nur mit Klarheit kann der Mitarbeiter jeden Tag die notwendigen Entscheidungen so treffen, dass er seine eigenen Ziele und damit auch die Unternehmensziele erreicht und dabei motiviert bleibt.

Mitarbeiter und Führungskräfte brauchen Klarheit über

* ihre Aufgaben und die damit verbundenen Ziele
* die eigene Rolle
* die Strategie und Vorgehensweise
* die Erwartungen ihrer Führungskräfte
* über die Rahmenbedingung und Prinzipien, die den eigenen Aufgaben zugrunde liegen
* die eigenen Stärken, Schwächen, Motive und Werte

Klarheit ist die Grundvoraussetzung für eine erfolgreiche Selbstführung und für Führungskräfte die Basis, um andere Menschen zu führen. Und nur mit Klarheit kann Motivation entstehen.

Anti-Stress-Tipps:

1. Achten Sie in Ihrer Sprache darauf, dass Ihre Botschaften klar und eindeutig aufgenommen werden können. Konjunktivformulierungen wie „Wir müssten mal wieder mehr ..." oder „Ich würde mir von dir wünschen, dass ..." haben keine Energie. Sprechen Sie im Aktiv, adressieren Sie die Aussagen so, dass diejenigen, die es betrifft, sich auch angesprochen fühlen.
2. Motivieren Sie die Mitarbeiter zur Klarheit. Nur wenn die eigene Meinung, Erwartungen oder Wünsche auch den Führungskräften klar sind, kann damit gearbeitet und darauf reagiert werden.

2.2.3 KOMPETENZ

„Erfolg besteht darin, dass man genau die Fähigkeiten hat, die im Moment gefragt sind."
(Henry Ford)

Erfolgreiche Unternehmen haben nicht immer die besten Produkte, aber oft die besten Vertriebsmitarbeiter. Die notwendigen Fähigkeiten von Vertriebsmitarbeitern um Neukunden zu gewinnen oder Bestandskunden weiter zu entwickeln waren noch nie so vielfältig wie heute. Es ist noch gar nicht so lange her, da war es die Hauptaufgabe von Vertrieblern und Verkäufern, den Kunden über die Produkte oder Dienstleistungen zu informieren, Fragen zu beantworten und dann den Abschluss herbeizuführen. Bedarfsermittlung, Nutzenargumentation, Einwandbehandlung- und Abschlusstechniken, das war es, was man in klassischen Vertriebstraining gelernt hat und aktuell auch noch überwiegend lernt. Heute sitzen Verkäufer aber oft nicht nur einer Person (dem klassischen Entscheider) gegenüber, sondern verkaufen an Entscheidungsgremien (Buying Center).

Der Kunde ist zwar informiert, aber auch verunsichert. Er weiß oft nicht, was er wirklich braucht. Der Vertriebsmitarbeiter benötigt analytische Fähigkeiten, muss Beziehungen aufbauen und sogar die Beziehungen/Interessen auf Kundenseite managen. Die Auswirkungen von Fehlentscheidungen im Einkauf sind deutlich höher, oft müssen mehrere Interessen gleichzeitig befriedigt werden. Der Vertriebsmitarbeiter wird zum Beziehungsmanager, muss sicher im Umgang mit Konflikten sein, selbstbewusst auftreten können (ohne überheblich zu sein) und am Ende noch die Meisterschaft der Verhandlungskunst gewinnen. Technisches Wissen und andere Fähigkeiten im Bereich von IT, Kundenprozessen o. Ä. seien nur am Rande erwähnt.

Bauen Sie gezielt und fortwährend die notwendigen Kompetenzen der Mitarbeiter auf. Auch wenn es etwas „abgedroschen" klingt: Fördern und fordern Sie die Mitarbeiter. Denn diese sind nur so gut, wie es die eigenen Fähigkeiten und Fertigkeiten hergeben. Achten Sie darauf, dass die Mitarbeiter gezielt das Wissen bekommen und die Fähigkeiten erlernt werden, die sie auch tatsächlich benötigen. Zu viel Wissen bringt nichts, es belastet, kostet Energie und führt zu Stress. Und achten Sie darauf, dass es nicht beim reinen Wissen bleibt. Das Wichtigste ist die Umsetzung. Und die muss geübt, geübt und nochmal geübt werden.

Bauen Sie Ihre eigenen Skills und Kompetenzen auf – arbeiten Sie mit Sparringspartnern

Wann waren Sie das letzte Mal auf einem Seminar? Arbeiten Sie konsequent an Ihrer eigenen Weiterentwicklung. Ihre eigene Kompetenz ist Ihre Lebensversicherung.

Seien Sie selbstkritisch und analysieren Sie erfolgreiche und weniger erfolgreiche Situationen. Nehmen Sie sich die Zeit und planen sich regelmäßige Treffen mit einem guten Führungskräftecoach ein. Betriebsblindheit, eingefahrene

Muster und unbewusste Verhaltensweisen machen vor niemanden halt. Und darüber hinaus können Sie in einer Coachingsitzung auch mal richtig Dampf ablassen und gehen danach positiv und neu kalibriert wieder an die Arbeit. Pflegen Sie den Austausch mit der Personalabteilung und der Personalentwicklung und treffen Sie sich – abseits der Meetings – mit anderen Führungskräften. Auch aus anderen Unternehmen und Branchen. Lernen Sie.

2.2.4 BEITRAG/SINN

„Jeder erwachsene, gesunde Mensch auf dieser Welt weiß, was er tut. Einige wissen auch, wie sie es tun. Und nur wenige wissen, warum sie tun, was sie tun."

(Simon Sinek)

Ein wichtiger Auftrag in der Führungsarbeit liegt darin, genau dieses *Warum* zu vermitteln. Die Frage nach dem Warum beschäftigt uns schon von Kindesbeinen an. Es war für uns immer wichtig, Antworten auf das Warum zu erhalten. So haben wir gelernt. Früher habe ich in meinen Workshops und Coachings immer gefragt: „Was machen Sie in Ihrer Abteilung/im Unternehmen genau?" Und ich bekam meist eine Stellen- oder Tätigkeitsbeschreibungen als Antwort. Aber klar, ich hatte ja auch nach Tätigkeiten gefragt. Und bei genauerem Hinsehen wurde klar, dass die Mitarbeiter in den meisten Fällen einfach nur die Rollenerwartungen erfüllt und Tätigkeiten ausgeführt haben. Nicht mehr und nicht weniger. Heute frage ich:

„Welchen Beitrag leisten sie für das Unternehmen?"
Im ersten Moment herrscht meist Stille, dann wiederhole ich die Frage noch einmal. Und dann wird es unruhig und es kommen Aussagen wie:

* „Ich sorge dafür, dass das Unternehmen überhaupt überleben kann."
* „Ich trage dazu bei, dass wir wachsen können und die Arbeitsplätze gesichert werden."
* „Ich hole das Geld rein, damit hier die Gehälter bezahlt werden können."
* „Ich sorge dafür, dass unser Unternehmen weiß, was unsere Kunden wirklich wollen. Damit wir uns darauf einstellen können."

Aha! Mit der Antwort auf die Warum-Frage entsteht *Energie*. Denn sie beschreibt einen Antrieb, ist der Ausgangspunkt von Motivation. Wer die Antwort auf das Warum nicht kennt, wird nicht die Energie aufbauen können, die notwendig ist, um besonders hohe Ziele zu erreichen. Und entscheidend ist hier das eigene Warum.

Ich persönlich liebe darüber hinaus die Frage nach dem *Wozu*. Denn in der Antwort muss ein Ziel formuliert werden, welches erreicht werden soll. Geben Sie Ihren Mitarbeitern die Möglichkeit, diese wichtigen Antworten zu finden, wenn Sie es noch nicht getan haben.

Sinnerfüllung ist für viele ebenso wichtig wie das Gehalt

Für viele Menschen mag Arbeiten noch ein Selbstzweck sein, der seine Erfüllung im Broterwerb findet. Erfolgreiche Vertriebsmitarbeiter wollen immer nach vorne, sie brauchen Gründe und Ziele. Einen Auftrag. Eine Mission. Sie sind Jäger auf der Suche nach Beute. Ab und an sind sie deswegen auch heroisch unterwegs und sehen ihre Daseinsberechtigung darin, die Welt (ihrer Kunden) zu verbessern, sie manchmal sogar zu retten. Weil Unternehmen mit ihren Produkten und Dienstleistungen dem Kunden einen unglaublichen Mehrwert bringen. Viel mehr als das, was sie dafür bezahlen.

Wenn sie das Warum also gefunden haben, dann besprechen Sie mit Ihren Mitarbeitern den Auftrag, die Vision, die Ihr Unternehmen verfolgt. Dadurch erhält das eigene Tun dann den eigentlichen Sinn, der innere Motivation erzeugt. Aber belassen Sie es nicht beim Unternehmenszweck, sondern brechen Sie es herunter auf die Bedeutung des Beitrags, den jeder Mitarbeiter dafür leistet. Und wertschätzen Sie diesen regelmäßig. Damit Ihre Mitarbeiter nicht nur einen Job machen, sondern sich wirklich für ein gemeinsames Ziel engagieren und sich wichtig fühlen. Das hilft Ihnen dann auch in Zeiten, wenn es einmal nicht so klappt, Wer seine Tätigkeit als sinnvoll empfindet, ist belastbarer und weniger stressanfällig.

Checkliste:

- Kennen die Mitarbeiter Ihre Beweggründe für Ihr persönliches Handeln und für Ihre Entscheidungen als Führungskraft?
- Tauschen Sie sich mit den Mitarbeitern über den Sinn ihrer Arbeit aus?
- Haben Sie den Eindruck, dass sich die Mitarbeiter wirklich mit der Arbeit identifizieren?

- Gibt es Werte und Prinzipien, an denen Sie Ihr Handeln ausrichten?
- Sieht jeder Mitarbeiter seinen Anteil (Beitrag) am Erfolg – nicht nur in Form von Kennzahlen?
- Können die Mitarbeiter auf Anhieb sagen, wohin sich das Unternehmen als Ganzes entwickeln will?

Bitte beachten Sie: Führungskräfte können den Mitarbeitern nicht den Sinn ihrer Arbeit geben. Denn Sinn ist etwas, was jeder für sich selbst definiert und empfindet – oder nicht. Als Führungskraft können Sie aber einen Diskurs über das Thema führen und Ihre Stellung dafür nutzen, dass sinnstiftende Arbeitsbedingungen geschaffen werden.

2.2.5 EMOTIONEN

„Der Intellekt gleicht Gliedmaßen ohne die Fähigkeit der Bewegung. Erst wenn Gefühl hinzukommt und sie beweglich macht, können sie sich rühren und andere beeinflussen."
(Swami Vivekananda)

Es ist mittlerweile unstrittig, dass Emotionen immer Einfluss auf den Erfolg haben. Leider hat das noch nicht dazu geführt, dass sich alle Führungskräfte gezielt und bewusst damit auseinandersetzen. Ein Grund liegt darin, dass es (leider) immer noch mehr Männer als Frauen in Führungspositionen gibt und die Rolle dadurch noch mit klassischen, männlichen Mustern und Merkmalen besetzt ist. Dazu kommen Glaubenssätze, die einen starken, rational agierenden Mann mit unterdrückten Emotionen beschreiben, der sich eben nicht mit Gefühlsduseleien aufhält. Ein Indianer kennt ja auch keinen Schmerz.

Wir haben Gefühle. Immer. Ich, während ich das schreibe und Sie, während sie diese Worte lesen. Man kann sich zu einhundert Prozent darauf verlassen.

Und deshalb geht Führung immer mit Beziehung einher, und Emotionen sind der ständige Begleiter. Und besonders der Vertrieb lebt doch von seiner speziellen „Stimmung" und den auftretenden Emotionen. Diese haben immer wieder großen Einfluss auf das gesamte Team, die Führungskraft und eben den Erfolg.

Zu diesen Emotionen gehören Euphorie, Zweifel, Freude, Enttäuschung, Wut, Spannung usw. Führungskräfte, die hohen Wert auf Kontrolle und Beherrschung legen, sehen Emotionen oft als „Intimfeind" und versuchen diese beharrlich zu verdrängen oder zu unterdrücken. Management und Emotionen, das passt in ihrer Welt nicht zusammen. Warum? Die Antwort ist einfach: Emotionen sind im Gegensatz zu rationalen Faktoren schwer vorhersehbar und steuerbar. Und damit muss man auch klarkommen wollen.

Emotionen sind die Brücken zu Ihren Mitarbeitern

Jeder möchte gerne authentisch wahrgenommen werden und sich ebenso fühlen. Und genau diese Authentizität setzt voraus, dass man sich mit seinen eigenen Werten, Ängsten, Stärken, Schwächen und Gefühlen auseinandersetzt. Vertriebsmitarbeiter klagen in Coachinggesprächen oft darüber, dass ihre Führungskraft immer nur die blanken Zahlen sieht und nicht das, was wirklich dahintersteckt. Nur die Ergebnisse scheinen zu zählen, nicht der Mensch und die Leistung. Und das führt dazu, dass viele Menschen im Vertrieb die Wertschätzung für sich und ihre Leistung vermissen und dadurch an Selbstvertrauen verlieren. Mancher wünscht sich da einfach mal einen Satz wie „Herr Meier, ich weiß, dass Sie jetzt verärgert sind, weil Sie den Auftrag nicht bekommen haben. Sie haben so viel Energie und Zeit in den Kunden investiert, und das hat sich aktuell nicht ausgezahlt. Bleiben Sie dran und lassen Sie uns gemeinsam schauen, wie wir hier ansetzen können. Vielen Dank für Ihr Engagement!" Geben Sie deshalb auch immer Feedback zur Leistung des Mitarbeiters und nicht nur zu den Ergebnissen.

Führung im Vertrieb besteht zu einem großen Teil aus Logik, Strategie und Rationalität. Das ist richtig und wichtig. Und ebenso wichtig ist die Erkenntnis, dass Geschäfte nicht zwischen Unternehmen, sondern immer zwischen Menschen gemacht werden.

Und die Beziehungsebene zwischen Verkäufer und Kunde ist immer noch der entscheidende Faktor, ob ein Geschäft zustande kommt oder nicht. Besonders dann, wenn sich Unternehmen in einer Marktsituation befinden, in der Produkte und Preise im Wettbewerb absolut vergleichbar geworden sind. Emotionen zu zeigen hat nichts mit mangelnder Professionalität, sondern mit Menschlichkeit zu tun.

Angst und Unsicherheit begleiten die Mitarbeiter im Vertrieb

Ja, Vertrieb ist ein „hartes Geschäft". Und die Veränderungen der letzten Jahre haben dazu geführt, dass Mitarbeiter in Vertrieb und Verkauf heute immer mehr damit rechnen müssen, dass sie ihre Ziele nicht mehr so leicht erreichen und immer mehr Ungewissheit über die Zukunft haben. Weniger Erfolg hat meist direkte Auswirkungen auf den Verdienst und darüber hinaus sind viele Faktoren, die den Misserfolg beeinflussen, nicht steuerbar. Wozu führt das?

Es befeuert das „Kopfkino", die persönliche Einstellung, Stimmung und Motivation. „Da brauche ich erst gar nicht hinfahren, der Wettbewerb macht doch sowieso wieder ein besseres Angebot" oder „Da nehme ich lieber mit, was ich kriegen kann, die große Lösung kauft der sowieso nicht". Mit diesen Gedanken (und Gefühlen) fahren Vertriebsmitarbeiter zum Kunden oder greifen zum Telefonhörer. Als

Führungskraft sollten Sie ein starkes Interesse daran haben, die Gefühle Ihrer Mitarbeiter zu kennen und damit umzugehen. Denn in der Regel „pflanzen" sich negative Gefühle schnell fort, werden verstärkt und sorgen dafür, dass allgemeine Demotivation oder Frustration entstehen.

Gute Führung schafft Gefühlstransparenz und steigert die Autorität

Führung bedeutet, Verantwortung für das soziale Klima in Ihrem Team zu übernehmen, Stimmungen zu erkennen und eine Umgebung zu schaffen, die grundsätzlich Freude, Energie und Vertrauen fördert. Um dies zu erreichen, müssen Emotionen zugelassen werden. Autorität kann man sich nicht erkaufen, sie wird einem verliehen. Und Sie werden in der heutigen Zeit besonders dann schnell Respekt und Autorität erhalten, wenn Sie emotional nahbar und auch ein Stück berechenbar sind. Emotionen, die nicht erkannt, verdrängt oder bagatellisiert werden sind pure Stressverstärker. Es entstehen verdeckte Spannungen, die Konfliktwahrscheinlichkeit erhöht sich und die eigentliche Arbeit gerät ins Hintertreffen. Um Veränderungsprozesse gemeinsam erfolgreich bewältigen zu können, müssen nicht nur Informationen, sondern auch Emotionen geteilt werden. Positive Emotionen, die dann auch miteinander „durchlebt" werden, können von Führungskräften bewusst ins Leben gerufen werden. Führung ohne Emotionen ist ein Auslaufmodell, welches sich kein erfolgreicher Vertrieb mehr leisten kann.

Tipps

- Nehmen Sie Ihre Mitarbeiter möglichst oft in emotionalen Zuständen wahr und lassen Sie Emotionen zu. Zeigen Sie, dass Sie sich genau dafür interessieren, hören Sie zu, fragen Sie nach. Wenn nötig, thematisieren und klären Sie offensichtliche Emotionen. Unsicherheit und Ängste sind grundsätzlich keine guten Begleiter. Werden diese nicht bewältigt, kann dies dazu führen, dass Mitarbeiter alles tun, um Fehler zu vermeiden, sie gehen kein Risiko ein und versuchen, auf allen Ebenen möglichst „safe" zu sein. Das ist Gift für erfolgreichen Vertrieb. Vorhandene Potenziale werden dann nicht mehr genutzt, das eigene Selbstwertgefühl sinkt, der Erfolg bleibt aus. Ein Teufelskreis beginnt. Aber genau dieses menschliche Potenzial ist es doch, was Unternehmen heute im Vertrieb brauchen, um sich vom Wettbewerb zu differenzieren und erfolgreich zu sein.

- Zeigen Sie selbst Emotionen. Zeigen Sie, dass sie eben auch ein Mensch sind, der wohl weiß, wie emotional die Arbeit mit Menschen und Kunden ist. Sie erzielen nur eine authentische Wirkung, wenn Sie dies auch vorleben.
- Schaffen Sie den Satz „Jetzt lassen Sie uns mal sachlich reden" ab. Erstens geht das ohnehin nicht, und zweitens zeigen Sie dadurch keine Empathie.
- Sprechen Sie – wenn nötig – auch über Ihre eigenen Sorgen oder Ängste, ohne dabei hilflos oder demotivierend zu wirken.
- Nutzen Sie die Kraft der emotionalen Ansteckung. Positive Emotionen werden aufgenommen und weitergegeben. Emotionalisieren Sie Ihr Team durch positive Fragen oder Botschaften. Auch entsprechende Bilder sorgen für positive Emotionen.

Zusammenfassung

Und wieder ein „Spagat, den Führungskräfte lernen müssen". Einerseits ruhig und sachlich bleiben und den Überblick bewahren. Andererseits authentisch, wertschätzend und emotional sein. Dazu benötigt es emotionale Stabilität und Selbstbeherrschung, die man lernen kann. Tun Sie es, es lohnt sich.

Denn nur, wenn zu den „Hard Facts" auch authentische Emotionen hinzukommen, werden Fortschritt, Vertrauen

und Wachstum gelingen. Authentizität und Führung ohne
Emotionen – das geht nicht.

2.3 Führen in der VUKA-Welt

„Der einzige Mensch, der sich vernünftig benimmt, ist mein
Schneider. Er nimmt jedes Mal neu Maß, wenn er mich
trifft, während alle anderen immer die alten Maßstäbe an-
legen in der Meinung, sie passen auch heut noch."
(George Benard Shaw)

Standards, Regeln und Prozesse haben es in den letzten
Jahren vielen Unternehmen ermöglicht, eine hohe Qualität
von der Produktion bis zum Kundenservice zu gewährleisten. Voraussetzung dafür war allerdings, dass die Zukunft
hochgradig planbar und voraussehbar war. Dadurch konnten Risiken minimiert und Ergebnisse optimiert werden.
Heute nimmt der Faktor „Ungewissheit" allerdings einen
deutlich größeren Raum ein, was Prognosen erschwert und
die Risikoabschätzung teilweise unmöglich macht. Vorge-
hensweisen, die gestern noch schnell und sicher zum Ziel
geführt haben, führen heute teilweise ins Leere. Die Prozesse von gestern können in vielen Fällen die Probleme von
morgen nicht mehr lösen. Wir befinden uns in der soge-
nannten VUKA-Welt. VUKA steht für volatil (unbestän-
dig), unsicher, komplex und ambivalent. Hohes Tempo,
veränderte Rahmenbedingungen und die stetig ansteigende
Dynamik zwingen uns zur Flexibilität und zum Aushalten
von Mehrdeutigkeiten und Widersprüchen.

Der Kunde zum Beispiel, der sich in einem langen Prozess mit hohem Einsatz des Verkäufers zu einer Lösung entschieden und diese nach innen verkauft hat, macht eine
Woche vor Beauftragung eine Kehrtwende mit der Begründung, es gäbe jetzt andere Prioritäten. Damit müssen wir

klarkommen und eine Idee haben, wie wir darauf reagieren. Wir müssen bestenfalls sogar mit solchen Geschehnissen rechnen, diese einplanen und uns so ausrichten, dass wir trotzdem handlungsfähig bleiben. Im Vorteil sind also all diejenigen, die vorgesorgt haben, dass zum Beispiel ein Kunde wegbricht oder nicht mehr denselben hohen Umsatz macht wie in den letzten Jahren. Oder dass ein Wettbewerber mit einem Angebot auf den Markt geht, welches das eigene Geschäftsmodell ins Wanken bringt. Wir müssen lernen, uns drauf zu verlassen, dass wir uns auf vieles nicht mehr verlassen können. Disruptive Prozesse machen vor nichts Halt. Erwarten Sie zukünftig besser auch immer das Gegenteil, von dem, was Sie erwartet haben.

Diese zusätzlichen Stressoren werden sich auf die Entscheidungsqualität auswirken. Sind wir im Stress, dann ist der Zugriff auf unsere kognitiven Funktionen beeinträchtigt, und Entscheidungen werden spontan aus dem emotionalen System getroffen. Unser Gehirn greift dann eher auf stark vereinfachte Faustregeln (so genannte Heuristiken) zurück, anstatt die Zusammenhänge zu analysieren. Vertriebsleiter müssen in ihrer Strategie immer mehr das Ungeplante und Ungewisse so einkalkulieren, dass am Ende des Tages die Ziele erreicht werden. Manche behaupten: „Wir leben doch im Wissenszeitalter, und mehr Informationen helfen uns doch dabei, die Ungewissheit abzubauen!" Das Gegenteil ist leider der Fall. Wir können zwar über immer mehr Informationen verfügen, sind aber in den meisten Fällen nicht in der Lage, die Relevanz und die Bedeutung dieser Informationen richtig einzuschätzen und zu bewerten. Da wir den neuen Kontext noch nicht kennen. Und um gute Entscheidungen treffen zu können, benötigen wir den Kontext und nicht nur die reine Information.

Tipp

Sich in dieser Welt zurechtzufinden, ist bestimmt nicht einfach. Die Navigation gleicht dem Befahren eines unbekannten und teils gefährlichen Terrains. Wenn Sie wollen, dann können sie aber gerade darin die Faszination dieser (neuen) Welt entdecken. Eine Welt, in der man sich schnell weiterentwickeln und sein ganzes Können anwenden kann. Eine Welt, die etwas wieder von uns fordert, was viele von uns verlernt haben. Was zukünftig aber wieder zum Erfolgsfaktor wird: Die NEU-Gier.

Prinzipien und Fixpunkte ersetzen Regeln

Was ist also zu tun, wenn Regeln und Prozesse nicht mehr greifen oder diese ständig angepasst werden müssten? Die Verkäufer brauchen einen Orientierungsrahmen, und „Jeder macht, was er will" kann nicht die Antwort sein.

Schaffen Sie Verbindlichkeit und Orientierung in Form von Strukturen, die sich auf wenige, dafür wichtige Faktoren fokussieren. Die Faktoren, deren Einhaltung mit hoher Verbindlichkeit gesichert werden müssen.

„Wenige harte Pole und maximale Freiheit" – dieses Prinzip geht zurück auf Johann Tikart, den ehemaligen Geschäftsführer von Mettler-Toledo, der es so ausdrückte: „Formuliere einen harten Kern, der unter allen Umständen gesetzesartig zu erfüllen ist". Lasse dann jedoch alles weitere „unreglementiert".

So haben die Mitarbeiter den Rahmen *und* ein Höchstmaß an Freiheit. Sie gehen die Verpflichtung ein, sich unter allen Umständen an den Fixpunkten zu orientieren, und bleiben trotzdem flexibel. Einen ähnlichen Effekt hat die Arbeit mit Prinzipien. Sie gelten als oberste Instanzen, an denen sich alles andere orientiert. Achten alle Mitarbeiter diese Prinzipien und richten ihr Handeln daran aus, ergeben sich völlig neue Möglichkeiten der Zusammenarbeit und der Zielerreichung. Denn Regeln führen eher dazu, dass Mitarbeiter das Denken einstellen und „blind" agieren, wenig hinterfragen oder infrage stellen. Prinzipien dagegen fördern das (Mit-)Denken. Auf Basis dieser Prinzipien entsteht dann ein unglaublicher Handlungsspielraum, der individuelle und der jeweiligen Situation angepasste Lösungen hervorbringt. Die Kreativität der Mitarbeiter wird gefördert und vorhandenes Potenzial kann freigesetzt werden. Das bewirkt mehr als jedes Kreativitätsseminar. Der Vorteil für Sie als Führungskraft besteht darin, dass Sie eher moderierend unterwegs sind und die Rahmenbedingungen im Hintergrund schaffen, anstatt immer wieder Lösungen für andere suchen zu müssen. Lösungen für Fälle, in die Sie sich vielleicht sogar erst noch einarbeiten müssen.

Beispiel: Die Präsentation beim Kunden

Alle wissen es und kaum einer gibt es zu: Die mühsam entwickelte Standardpräsentation soll immer zum Einsatz kommen (Regel). Aber sie passt nicht zu allen Kunden, und der Vertriebler vor Ort bastelt sich ohnehin seine eigene Variante zurecht oder zeigt sie erst gar nicht. Dies ist aber oft nicht in Ihrem Sinne.

Die Lösung: Geben Sie nur vor, welche Botschaften und Fakten unbedingt in jedem Erstgespräch vermittelt und welche Kernfragen gestellt werden müssen (Fixpunkte). Oder legen Sie das Prinzip fest: „Der Kunde muss sich selbst und seine Probleme/Ziele in der Präsentation wiedererkennen und uns als besten Lösungspartner sehen". Den Rest überlassen Sie dem Mitarbeiter. Ob er dies dann in Form von Bildern, einer Story oder Fallbeispielen macht oder es dem Interessenten „vortanzt", das soll er selbst entscheiden.

Zeigen Sie Präsenz

Aufmerksamkeit bedeutet Wertschätzung. Und Wertschätzung gehört zu denen Faktoren, die viele Mitarbeiter im

Vertrieb am häufigsten vermissen. Das bedeutet nicht zwangsläufig, dass diese Führungskräfte diese nicht haben, sie zeigen es den Mitarbeitern oft nur nicht. Zu schnell wird die fehlende Präsenz mit anscheinendem Desinteresse interpretiert oder der Vermutung, dass sich Führungskräfte für die „Basisarbeit" zu schade sind.

Tipp

Zeigen Sie Präsenz und Interesse an der Arbeit der Mitarbeiter. Reinhard K. Sprenger erwähnt immer wieder, dass Führungskräfte einen „Störungsauftrag" haben. Im positiven Sinne. Denn immer dann, wenn Sie einen Mitarbeiter bei seiner Arbeit „stören", zum Beispiel durch eine Frage oder ein Feedback, kommen Sie in den Dialog. Sie können Tipps geben, erfahren etwas zur Sache oder spüren, wie es dem Mitarbeiter gerade geht. Außerdem verringern Sie damit auch die Wahrscheinlichkeit, dass sich negative Routinen unbemerkt ausbreiten. Wenn ein Mitarbeiter bei seiner Tätigkeit nie gefragt wird oder ein Feedback erhält, kann er nicht merken, dass etwas nicht so läuft, wie es laufen könnte oder müsste. Wenn Sie mit Mitarbeitern zusammen sind, hören Sie ihnen gut zu, stellen Sie viele Fragen. Dadurch haben Sie auch die Chance, „versteckte Botschaften" wahrzunehmen und nachzuvollziehen, womit sich die Mitarbeiter gedanklich beschäftigen und was sie emotional beschäftigt. Richten Sie die Aufmerksamkeit in diesen Situationen voll auf den Mitarbeiter und lassen Sie keine Störungen zu. Signalisieren Sie durch die ungeteilte Aufmerksamkeit, dass der Mitarbeiter in diesem Moment die wichtigste Person ist.

Füreinander ist das bessere Miteinander

Teamarbeit war immer geprägt von dem Gedanken, dass die einzelnen Mitglieder eines Teams sich gegenseitig in ihrem Stärken ergänzen und damit als Team leistungsfähiger werden, als es die einzelnen Teammitglieder für sich allein sind. Ergänzen Sie diesen Gedanken um das Füreinander. Dass wir heute nicht mehr alleine erfolgreich sein können, ist unstrittig. Bisher wurde Zusammenarbeit auf Basis des Miteinanders organisiert. In dieser Form gibt es verschiedene Aufgaben, aber auch Meinungen und Standpunkte der einzelnen Beteiligten. Um diese Meinungen und Standpunkte herum wurde die Zusammenarbeit organisiert, und nicht selten endete dies in Kompromissen. Eine Zusammenarbeit auf Basis eines Füreinanders geht noch einen Schritt weiter. Wir benötigen immer öfter die Hilfe anderer und kommen ohne diese selbst nicht voran.

> **Füreinander** arbeiten heißt, sich für die Ziele und Gefühle des anderen zu interessieren, offen zu sein und – wenn nötig – die eigenen Ziele für eine gewisse Zeit hintenanzustellen, um den anderen zu unterstützen.

Damit es dann gemeinsam weitergehen kann. So führt eine emphatische Grundhaltung (Team-Resonanz) am Ende zu den besten Ergebnissen (System-Resonanz).

Im Vertrieb sind zum Beispiel nicht immer alle gleich stark motiviert oder leistungsfähig. Das ist menschlich. Entscheidend ist, dass Sie als Führungskraft und die anderen Teammitglieder wissen, in welcher Situation sich der andere gerade befindet. Nur dann können gemeinsame Lösungen gefunden und auf unerwartete Situationen kann schnell reagiert werden.

Literatur

Euler M (2015) Sales Upgrade – Wie erfolgreiche Verkäufer das Spiel verändern. BusinessVillage, Göttingen

Transkription der SWR2-Sendung (2018) WISSEN – Der entfremdete Mensch – Sehnsucht nach der wahren Natur vom 15.11.2018

3

Die häufigsten Stressoren im Vertrieb und in der Führung von Vertriebsmitarbeitern

3.1 Kennen Sie das? – Der ganz normale (Vertriebs-)Wahnsinn

Es ist ein ganz „normaler" Tag. Ein Termin jagt den anderen und – total überraschend – passieren heute eine Menge Dinge, die so nicht eingeplant waren. Wie immer eigentlich. Mitarbeiter Maier ist mit seinem Angebot, bei dem Sie noch den Rabatt freigeben müssen, hintendran, Mitarbeiterin Krause wollte Ihnen schon gestern kurz schreiben, wie sie sich das weitere Vorgehen beim abwanderungsbereiten Kunden Trippel vorstellt. In Ihrem Postfach findet sich keine Spur dieser Mail. Vor ein paar Minuten hat Ihnen der Kollege aus dem Produktmanagement noch zugerufen, dass die Vertriebsmitarbeiter erst mal noch mit den alten Preislisten arbeiten müssen, die neuen sind noch nicht freigegeben. Obwohl die neuen Preise schon an die Kunden kommuniziert sind. Der PC „spinnt" auch mal wieder, den reklamierenden Kunden, den Ihnen gerade Ihr Mitarbeiter am Telefon aufgedrückt hat, müssen Sie vertrösten, weil Sie keinen Zugriff auf das CRM-System haben. Ihre Assisten-

© Springer Fachmedien Wiesbaden GmbH, ein Teil von
Springer Nature 2020
M. Euler, *Der Anti-Stress-Trainer für Vertriebsleiter*, Anti-Stress-Trainer,
https://doi.org/10.1007/978-3-658-28265-3_3

tin steckt gerade vorsichtig den Kopf durch die Tür und Ihnen entfährt ein lautes „Sie sehen doch, dass ich gerade nicht kann!" Daraufhin ist sie auch schon wieder verschwunden. Und genauso verschwindet nun Ihre Prioritätenliste für heute im hohen Bogen im Mülleimer. Sie kriegen das sowieso nicht mehr gebacken.

Vielleicht war das jetzt etwas zu dick aufgetragen. Aber wenn Sie diese Situationen nicht im Entferntesten an Ihre eigene Arbeit erinnern, dann haben Sie Glück gehabt oder einen bestens organisierten Vertrieb. Grundsätzlich gibt es eine ganze Reihe von Stressoren, die im Vertrieb auf Sie und Ihre Mitarbeiter einwirken. Und für viele ist das auch genau der Reiz, den sie im Vertrieb benötigen. Nichts für Langeweiler und Routinejunkies. Aber eben auch gefährlich.

Denn das Stresspotenzial ist in einem solchen Umfeld von Natur aus höher. Und dass im Stress die Anzahl der möglichen Handlungsoptionen auf ein Minimum begrenzt werden, ist ausreichend bekannt. Der aufkommende Stress fördert das sogenannte „Kampf-oder-Flucht-Syndrom", welches eben in erster Linie zu Affekthandlungen führt. Da wird – in der Hoffnung, dass der Kunde nicht abspringt – schnell ein Rabatt gewährt und am Ende kauft der Kunde doch woanders. Er wird sich aber in Zukunft gerne auf den „neuen Preis berufen".

Die wichtigste Aufgabe von Entscheidern – Entscheidungen treffen

Mitarbeiter werden Schulungen zur Abschlusstechnik und Einwandbehandlung geschickt, obwohl es deutlich sinnvoller wäre, sie dahingehend zu entwickeln, dem Kunden wieder besser zuzuhören oder mehr Fragen im Verkaufsgespräch zu stellen. Führungskräfte müssen jeden Tag eine Reihe von Entscheidungen treffen. Kleine Entscheidungen und große. Und oft sind es die unscheinbaren, kleinen Entscheidungen, die eine große Wirkung haben. Und viele Entscheidungen werden einfach nicht getroffen. Ein Grund liegt darin, dass es zu viele Optionen gibt und dass mit der Entscheidung alle diese Optionen wegfallen. Und damit kommt die Angst, eine „falsche" Entscheidung treffen zu können. In meiner Welt gibt es keine „falschen" Entscheidungen. Wenn Sie eine Entscheidung gut vorbereitet, die zu diesem Zeitpunkunkt vorhandenen Informationen berücksichtigt und am Ende noch kurz Ihr „Bauchgefühl" befragt haben, dann ist die Entscheidung richtig. So richtig, wie sie jetzt eben sein kann. Ob Sie die gewünschten Ergebnisse mit dieser Entscheidung erzielen werden, wird sich später herausstellen. Insofern können Entscheidungen ohnehin nur rückblickend „falsch" sein. Gute Führungskräfte im Vertrieb sind entscheidungsfreudig und stellen sich dem damit verbundenen Risiko. Stress entsteht eher durch das Aufschieben von Entscheidungen. Einerseits in fachlicher Hinsicht, andererseits in Form der Wahrnehmung, die durch mangelnde Entscheidungskompetenz bei den Mitarbeitern entstehen. Treffen Sie daher bitte keine Entscheidungen im Stress, besonders dann, wenn es sich um wichtige Themen handelt.

Identifizieren Sie die Situationen, die bei Ihnen Stress auslösen.

Nicht alle Menschen sind in der Lage, negativen Stress zu erkennen. Gerade für Führungskräfte scheint es normal zu sein, wenn man keine Zeit hat, rastlos ist oder am Ende des Tages kaum noch Energie hat. Pausen, Nahrungsaufnahme – wer braucht das schon? Ob Sie sich nun eine Fitnessuhr kaufen, sich dahingehend sensibilisieren, in sich selbst „hineinzuhören" oder regelmäßig zum Fitnesscheck beim Arzt oder Heilpraktiker gehen: Achten Sie auf sich, Ihre Gedanken und Ihren Körper. Es mag heute schick sein, keine Zeit zu haben, „always on" und ständig beschäftigt zu sein – gesund ist es auf Dauer jedenfalls nicht. Und das alles nur, um nach dem Herzinfarkt zu sagen: „Jetzt muss ich deutlich kürzer treten und den Stress reduzieren. Bitte haben Sie Folgendes im Blick:"

Stress ist weder alleine durch die jeweilige Situation noch alleine durch die Person verursacht. Es ist immer die Schnittstelle Mensch – Umwelt, eine Wechselwirkung und deshalb immer auch subjektiv. Stress ist ein subjektives Erleben in bestimmten Situationen.

Und so gehen Sie vor

1. Identifizieren Sie anhand Ihrer Reaktionen in bestimmten Situationen Ihre ganz persönlichen Stressoren. Finden Sie heraus, welche Knöpfe bei Ihnen gedrückt werden müssen, damit Stress entsteht. Wenn Sie diese kennen, dann überlegen Sie, wie Sie diesen aus dem Weg gehen oder sie minimieren können (Prävention).
2. Lernen Sie, diese Situationen zukünftig anders zu bewerten (Sichtweise). Dann entstehen automatisch auch andere (positive) Gefühle. Durch die neue Bewertung ändern sich auch Ihre Wahrnehmung und Ihr Verhalten.
3. Anstatt „Jetzt kommt der Meier schon wieder angerannt und nervt mich mit dem Thema X, ich krieg' gleich die Krise!" besser: „Das Thema X scheint für Herrn Meier wirklich wichtig zu sein, so oft wie es ihn beschäftigt. Ich muss mal mit ihm reden, man sieht ihm ja an, dass ihm das auch unangenehm ist".
4. Erkennen Sie, wenn der Stress Sie erwischt hat und spüren Sie die Anspannung. Bleiben Sie nicht in diesem Zustand. Sorgen Sie bei spürbarer Anspannung für baldige Entspannung. Eine einfache und wirkungsvolle Methode zur schnellen Entspannung:
    Langsam und tief einatmen (ca. 4 Sekunden) und ohne Pause noch langsamer ausatmen (ca. 6 Sekunden). Dabei den Körper ganz schwer machen. Das Ganze vier bis fünf Mal wiederholen.

3.2 Fremdbestimmung versus Selbstbestimmung

Die Geschäftsleitung, der Vorstand, Ihr Chef, die Mitarbeiter, der Kunde, Marketing, die IT und eine Reihe externe

Dienstleister lauern ständig und wollen etwas von Ihnen. Was Sie aber oft nicht bemerken: Sie können alle diese Erwartungen nicht erfüllen, denn selbst 24 Stunden am Tag würden dafür nicht ausreichen. Einmal davon abgesehen, dass Sie diesen Konflikt irgendwie bewältigen müssen, haben Sie noch eigene Ziel- oder Rollenkonflikte, die Ihre Zeit und Aufmerksamkeit erfordern.

Glauben Sie bitte nicht, dass Sie – nur weil Sie Führungskraft sind – Übermenschliches leisten können. Wenn der Grad der Fremdbestimmung zu hoch ist, dann versagt das System und es entsteht *Stress*. Brechen Sie aus aus dem „Käfig" der Fremdbestimmung!

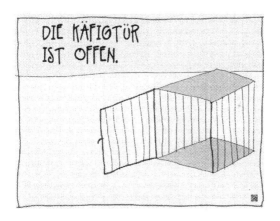

Und jetzt komme ich noch mit einem Thema um die Ecke, wo Sie wahrscheinlich sofort denken: „Ha, schon hundertmal gehört – geht nicht bei mir, das ist blanke Theorie!". Aber ich bleibe hartnäckig. Warum? Weil ich überzeugt bin, dass es geht, und weil es wichtig ist.

1. Planen Sie Puffer ein und
2. sagen Sie rechtzeitig „Nein".

Wenn Sie diese beiden Punkte schon perfekt beherrschen sollten, dann überlesen Sie dieses Unterkapitel und gehen zu Abschn. 3.3

„Wie soll ich mir Puffer einplanen, wenn ich doch ohnehin zu wenig Zeit habe?", höre ich oft. Einerseits fehlt tatsächlich immer Zeit, und sogar Menschen, die regelmäßig Überstunden machen, klagen über Zeitmangel. Und trotzdem: Tun Sie es! Was passiert, wenn der Puffer nicht vorhanden ist?

Alle Zeitverzögerungen und Zeitfresser beeinflussen die nachfolgenden Aufgaben. Wenn ein Dominostein fällt, fallen alle anderen auch.

* Die Zeit, die bei Aufgabe A durch Verspätung hinten angehängt wurde, fehlt Aufgabe B usw.
* In der Folge werden geplante Aufgaben verschoben, abgesagt oder die Zeit für die Bearbeitung reicht definitiv nicht aus. Die Fehlerquote steigt.
* Daraus resultiert Stress, weil immer mehr Aufgaben „mitgeschleift" werden oder ganz liegen bleiben.

Ein eingeplanter Zeitpuffer wird ohnehin nicht dazu führen, dass Sie herumsitzen und nichts zu tun haben. Und spätestens dann, wenn etwas Ungeplantes geschieht, haben Sie jetzt einen Spielraum. Oder mehr Zeit für die anderen Aufgaben. Oder einfach mal Zeit, um durchzuatmen.

Es gibt eine weitere Ursache für einen hohen Anteil an Fremdbestimmung, nämlich die Tatsache, dass wir Aufgaben erledigen, die eigentlich andere erledigen müssen. Die definitiv nichts (von Ausnahmen abgesehen) auf unserem Schreibtisch zu suchen haben. Und hier kommt der zweite Punkt ins Spiel.

Sagen Sie rechtzeitig *Nein*!

Bitte schauen Sie jetzt einmal auf Ihren Schreibtisch oder Ihre Ablage, falls Sie gerade im Büro sind. Falls nicht, ge-

nügt auch der Blick auf die digitale Termin- und Aufgaben-
planung Ihres Smartphones. Alles, was Sie dort finden, stellen Sie sich nun auf Ihrem Schreibtisch stehend vor, und
zwar jede Aufgabe in Form eines Affen. Genau – Affen.
Schauen Sie sich nun diese Affen genauer an, bzw. das, wofür sie repräsentativ stehen.

* Einen Affen haben Sie quasi dauerhaft adoptiert, denn
  Sie führen schon seit über einem Jahr eine Tätigkeit aus,
  die gar nicht zu Ihrem Aufgabengebiet gehört. Aber der
  Kollege, der sie eigentlich macht, ist schon lange nicht
  mehr hier.
* Ein anderer Affe steht für die Reklamation eines Kunden
  von Mitarbeiter Petermann und – das fällt Ihnen gerade
  auf – von Herrn Petermann befinden sich noch zwei wei-
  tere Affen auf Ihrem Tisch. Er gibt gerne seine Affen wei-
  ter, weil er ungern Entscheidungen trifft.
* Ein weiterer Affe steht für eine Bitte, die Sie der netten
  Kollegin aus dem Marketing nicht abschlagen konnten.
  Sie hat einfach zu nett gelächelt und konnte Ihnen den
  Affen wirklich gut verkaufen.

Warum der Bildvergleich mit den Affen? Nun, sie gehören jetzt Ihnen! Und sie müssen diese – ähnlich wie der Af-
fenpfleger im Zirkus – regelmäßig füttern und sich um deren Wehwehchen kümmern. So lange Sie sich immer noch
ausreichend um Ihre eigenen „Affen" kümmern können,
mag das in Ordnung sein. Das ist auch kein Plädoyer gegen
Hilfsbereitschaft unter Kollegen. Aber das, woran Sie am
Ende gemessen werden und was Sie erfolgreich macht, das
sind Ihre eigenen Aufgaben und Ziele.

Und manch einer merkt erst sehr spät, dass diese in
Gefahr sind. Räumen Sie den Schreibtisch auf, füttern
Sie nicht länger die Affen anderer, wenn es die Situation
nicht unbedingt erfordert oder es nicht Teil der Zusam-

menarbeit ist. Sie haben dann wieder freie Sicht auf das, was wirklich ist und womit Sie auch den meisten Spaß haben.

Aber warum fällt es vielen so schwer, Nein zu sagen?

Warum fühlt sich das *Nein* nicht gut an?

Die meisten Menschen setzten das Neinsagen mit Ablehnung gleich. Sie glauben, dass Ihr Gegenüber sich dabei unwohl fühlt oder enttäuscht ist, wenn wir seiner Bitte nicht nachkommen. Aber selbst wenn es so wäre – dann dürften wir nie mehr Nein sagen.

Und in den meisten Fällen handelt es sich doch gar nicht um ein persönliches Nein, sondern um ein inhaltliches Nein. Ein zweiter Grund ist, dass wir uns selbst oft schlecht fühlen, wenn wir Nein sagen. Wir fühlen uns nicht gut, weil wir so erzogen und angeleitet wurden, jeder Bitte nachzukommen. Und vielleicht sogar den Glaubenssatz in uns tragen, dass man die Bitte eines anderen nicht abschlagen darf. Wer hat nicht früher den Satz gehört: „Denk dran, vielleicht brauchst du auch mal die Hilfe des anderen und dann stehst du blöd da". Aber darum geht es ja gerade! Hilfsbereitschaft und kollegiales Verhalten sind wichtig, aber nur, wenn beide Seiten einen Nutzen daraus ziehen können. Was bringt es Ihnen, wenn Sie Ja sagen, obwohl Sie Nein meinen und danach frustriert sind, weil Sie es ja eigentlich gar nicht wollten. Was bringt es dem anderen, wenn Sie ihm zwar den Gefallen tun, aber dies nicht motiviert und gut ausführen? Schluss damit! Jeder Mensch hat das Recht, sich in einer solchen Situation zu entscheiden. Und wenn es sich lediglich nur um eine Bitte oder einen Wunsch handelt, dann ist das Nein nun mal eine von zwei Optionen. Und außerdem gibt es – wenn man möchte – auch fast immer Zwischenlösungen.

Hier einige Tipps, wie das Nein-Sagen gelingt

1. Sehen Sie das Nein in erster Linie als eine inhaltliche Entscheidung, nicht als persönliche. Dann ist die Chance geringer, dass negative Emotionen entstehen.

2. Falls Ihr Gegenüber trotzdem „negativ" reagiert, nehmen Sie das ebenfalls nicht persönlich. Es hängt immer auch von der Erwartungshaltung ab, die jemand hatte. Und diese wirkt sich dann natürlich auch auf die Reaktion aus.

3. Ein guter Freund von mir sagt immer: „Nein ist bereits ein ganzer Satz!" Wir können begründen, warum wir Nein sagen, müssen es aber nicht. Viele Begründungen führen zu Diskussionen, da unser Gegenüber diese vielleicht nicht nachvollziehen kann oder es einfach aus Enttäuschung nicht will. Wenn Sie es für notwendig halten, können Sie natürlich eine Begründung anschließen. Damit rechtfertigt man die Entscheidung nämlich nicht nur dem anderen gegenüber, sondern auch vor sich selbst.

4. Lassen Sie sich nicht unter Druck setzen. Auch wenn jemand nun in die Waagschale wirft, wie oft er oder sie schon etwas für Sie getan hat. Das hat mit der aktuellen Situation und Ihrer Entscheidung erst einmal nichts zu tun. Selbstverständlich sollten Sie im Auge behalten, dass es schon eine gewisse Ausgewogenheit der gegenseitigen Unterstützung geben sollte.

5. Nehmen Sie sich etwas Zeit für Ihre Entscheidung. Nicht immer ist es sinnvoll, sofort Ja oder Nein zu sagen. Und manchmal merkt man erst später – bei genauerer Betrachtung – dass die schnelle Entscheidung in diesem Moment nicht die richtige gewesen ist. Und denken Sie daran: Es gibt Menschen, die diese Situation gezielt zu ihrem Vorteil nutzen, indem sie einfach mal so „um die Ecke" kommen, um dem anderen einmal ganz nebenbei eine schnelle Entscheidung abzuringen. Weil sie genau wissen, dass jemand nur schwer Nein sagen kann oder in der Situation schnell reagiert.

6. Wägen Sie immer ab, welche Konsequenzen ein Ja oder Nein für Sie und Ihre Arbeit haben und erkennen Sie Menschen, die sehr häufig ungeliebte Aufgaben „delegieren". Und dies meist gepaart mit wirkungsvollen Geschichten, die das Helfersyndrom auf der Gegenseite ansprechen.

3.3   Multitasking – verlockend, aber illusorisch

Mit dem Produktmanager sprechen, dabei den Termin aus dem letzten Telefonat eintragen, die Messengernachricht, die gerade aufpoppt, lesen und noch schnell die E-Mail abschicken. Geht doch! Alles andere wäre Zeitverschwendung. Das Zauberwort heißt: Multitasking.

Der Glaube, dass Multitasking möglich ist und uns Zeit spart, hält sich seit Jahren. Wer aber versucht, zwei Dinge gleichzeitig zu tun, macht im Grunde nichts richtig.

„Multitasking ist schon anatomisch für das Gehirn ein Ding der Unmöglichkeit. Da kann man noch so viel üben." Wenn wir gleichzeitig ein Telefonat führen und eine E-Mail lesen, dann erledigen wir in Wirklichkeit beides abwechselnd, indem wir uns blitzschnell zunächst der einen, dann wieder der anderen Aufgabe zuwenden. Allerdings klappt auch das nur mit maximal zwei Aufgaben, so eine Studie französischen Forscher der École Normale Supérieure in Paris aus dem Jahr 2010.

Es gibt mittlerweile eine ganze Reihe von wissenschaftlichen Untersuchungen, die erwiesen haben, dass intensive „Multitasker" durchweg schlechtere Ergebnisse produzieren als gelegentliche „Multitasker". Dabei glauben diejenigen, bei denen Multitasking zum Arbeitsalltag gehört, fest daran, dass sie alles gut und richtig machen. Multitasking ist in Wirklichkeit ein Märchen und alles andere als effektiv. Verabschieden Sie sich am besten gleich davon, wenn Sie es nicht schon längst getan haben. Wenn Sie Mitarbeiter oder Bewerber haben, die „Multitasking" als eine ihrer Stärken angeben, seien Sie vorsichtig. Diese Mitarbeiter wirken tatsächlich immer sehr beschäftigt, aber beschäftigt bedeutet eben noch lange nicht, dass sie auch effizient oder effektiv sind. Ich gehe sogar noch einen Schritt weiter. Verhindern Sie, dass Ihre Mitarbeiter Multitasking anwenden und fördern Sie es nicht aktiv. Es führt – Sie werden es ahnen – zu Stress. Und im Vertrieb, der überwiegend ergebnisorientiert ausgerichtet ist, ist Multitasking fehl am Platz. Sorgen Sie dafür, dass Sie und Ihre Mitarbeiter in der Lage sind, die wichtigsten Tätigkeiten zu identifizieren und diese mit ausreichend Zeit durchzuführen. Und zwar mit voller Fokussierung und Aufmerksamkeit. Denn wenn Sie erkannt haben, was in einem bestimmten Moment das Wichtigste ist, dann gibt es auch keinen Grund, andere Dinge gleichzeitig zu tun, die in diesem Moment nicht wichtig sind.

Eine der Schlüsselfähigkeiten, die im Vertrieb immer mehr in den Hintergrund gerät, ist die Aufmerksamkeit. Sei es im Kundengespräch, im Meeting oder eben bei der notwendigen Bearbeitung von Standardvorgängen. Lässt die Aufmerksamkeit nach, gerät die Qualität in Gefahr. Sobald wir mehr als eine Sache gleichzeitig tun, verteilt sich auch die Aufmerksamkeit entsprechend. Und das eben nicht nur bei der einen Sache, sondern bei allen, die ich gerade zu bearbeiten versuche. Und Sie können absolut beruhigt sein, dass das nichts mit Ihnen zu tun hat. Denn selbst Computer können nur eine Information gleichzeitig verarbeiten, sie sind aber in der Lage mit einer ungeheuren Geschwindigkeit zwischen den einzelnen Aufgaben (Tasks) zu wechseln. Der Mensch kann zwar zwei Dinge gleichzeitig tun, aber die Aufmerksamkeit und der Fokus können immer nur auf einem der Dinge liegen. Sie werden jetzt vielleicht denken, dass es sehr schwierig sein wird, diese Gewohnheiten aufzugeben, da die meisten von uns fast ständig im Multitaskingmodus laufen. Multitasking findet bereits statt, wenn Sie an etwas denken, was mit der momentanen Situation nichts zu tun hat. Ja, es wird nicht einfach, aber es lohnt sich.

Denn in der Konsequenz wird die Fehlerrate deutlich sinken, Sie werden mehr Energie zur Verfügung haben und Ihre Produktivität wird sich deutlich erhöhen. So hart wie es vielleicht klingt: Die meisten Dinge, die wir tun, sind zu diesem Zeitpunkt oder grundsätzlich nicht notwendig, weil sie nicht wirklich wichtig sind. Sie werden von anderen wichtig gemacht, indem Sie E-Mails mit dem Zusatz „Hohe Priorität" versehen oder an einen Arbeitsauftrag das berühmte Wort „asap" („as soon as possible") anhängen. Das erzeugt Stress. Fragen Sie das nächste Mal einfach zurück, warum jemand es dringend benötigt und was hinter der Priorisierung steckt. Sie werden merken, wie oft es einfach nur dringend benötigt wird, damit man es eben schnell hat. Und nicht, weil es braucht. Bauen Sie selbst keine Dringlichkeiten oder Wichtigkeiten auf, wenn diese nicht nötig sind. Ein Mitarbeiter wird vielleicht zähneknirschend am Freitag noch zwei Stunden länger im Büro bleiben, um noch ein Konzept fertig zu stellen, das Sie bis Montagvormittag benötigen. Er wird sich aber ärgern, wenn er Sie am Dienstag um Feedback zu diesem dringenden Konzept bittet und feststellt, dass sie es noch gar nicht angeschaut haben.

Wir werden durchschnittlich alle 11 Minuten aus unserer Arbeit herausgerissen und verbringen viel Zeit damit, um wieder den Anschluss an die unterbrochene Aufgabe zu finden. Mit Multitasking betrügen wir uns selbst und erzeugen hausgemachten Stress. Unsere Vorfahren brauchten Multitasking, um zu überleben. Denn es lauerten tatsächlich überall Gefahren. Vertrieb ist zwar auch nichts für zartbesaitete Seelen, aber dabei umgekommen ist meines Wissens noch keiner. Auch kein Kunde.

Die Folgen von Multitasking

- Aufmerksamkeit verteilt sich immer auf so viele Dinge, die gerade gleichzeitig zu tun sind.
- Es bleiben immer „halb erledigte" Dinge übrig.
- Der Wechsel zwischen den einzelnen Aufgaben benötigt Zeit (wir produzieren 28 % an Ineffektivität durch Multitasking).

- Die Fehlerrate steigt, die Entscheidungsqualität verringert sich.
- Das Gefühl von negativem Stress steigt.
- Bei hohem Stress haben manche Menschen über 37 Taskwechsel in der Stunde.

Im Vertrieb reicht es definitiv nicht aus, Dinge einfach nur zu erledigen. Wir müssen sie auch gut erledigen. Abschließend noch zwei Dinge, die mir persönlich geholfen haben, das Multitasking zu minimieren.

1. Schalten Sie die Pushfunktionen im Mailprogramm und dem Smartphone aus. Sie verführen zum Multitasking. Immer wenn etwas aufblinkt oder einen Ton von sich gibt, schauen die meisten von uns hin. Checken Sie Ihre Mails alle 30 Minuten, besser noch: alle 60 Minuten. Das reicht. Wenn etwas wirklich dringend ist, dann wird derjenige ohnehin noch einen anderen Kanal wählen.
2. Mein früherer Chef hat gesagt: „Wirklich wichtig bist du dann, wenn du NICHT dauernd erreichbar bist". Recht hat er.

3.4 Die „falschen Mitarbeiter"

Schätzungsweise 100.000 Euro an Personalkosten gehen verloren, wenn sich die Wege zwischen dem Unternehmen und dem frisch eingestellten Mitarbeiter schnell wieder trennen. Den Umsatzverlust nicht eingerechnet. Wer sich nicht gerade auf der Basis von „Hire and Fire" bewegt, der stellt bei der Rekrutierung der Vertriebsmitarbeiter die Weichen für viele Jahre Vertriebserfolg. Der demografische Wandel und der Fachkräftemangel sorgen aber immer mehr für Bauchschmerzen bei Personalern und Vertriebsverantwortlichen. Erstens gibt es anscheinend zu wenig gute Vertriebsmitarbeiter, und nicht selten entpuppt sich der

„Traumkandidat" schnell als jemand, der doch nicht so richtig auf die vakante Stelle passt, wie es zu Beginn aussah. Er ist zwar fachlich fit und hat sich schnell in die Prozesse eingearbeitet, doch er findet einfach nicht den richtigen Draht zum Kunden, lässt sich nicht auf dessen Probleme ein und vermeidet es, potenzielle Kunden im Rahmen der Neukundenakquise anzurufen. In vielen Fällen hat der Vertriebsleiter hier zu viel Augenmerk auf die fachliche Qualifikation und die Branchenerfahrung gelegt und dabei vergessen, dass die soziale und kommunikative Kompetenz, die Fähigkeit, die „Extrameile" zu gehen, viel entscheidender für den Vertriebserfolg ist. Fakt ist: Der Markt ist leergefegt, gute Vertriebler sind rar. Und die Arbeit mit Menschen, die nicht zum Unternehmen oder zu den Aufgabestellungen passen, ist purer Stress.

Gut ausgeprägte Softskills statt „aalglatter" Lebensläufe
Sie haben sehr unterschiedliche Kunden? Dann brauchen Sie auch sehr unterschiedliche Vertriebspersönlichkeiten. Meine Erfahrung – auch in der Rekrutierung von Vertriebsmitarbeitern – zeigt, dass es meist wichtiger ist, die Bewerber mit der passenden Einstellung und den erforderlichen

Softskills herauszufiltern, als sich zu sehr mit Lebensläufen, Ausbildungen, Schulabschlüssen oder dem vorhandenen Fachwissen zu beschäftigen.

Wie erfolgreich wird der Bewerber mit zehn Jahren Außendiensterfahrung und zahllosen Weiterbildungszertifikaten wohl sein, wenn er schon bei der Begrüßung an Ihnen vorbeischaut und Sie beim Händeschütteln das Gefühl haben, einen toten Fisch anzufassen? Meine klare Empfehlung: Achten Sie auf besondere Typen, die nicht wie konforme Verkaufsmarionetten daherkommen und nur das sagen, was Sie hören wollen. Ein Verkäufer, der im Bewerbungsgespräch keine Fragen an Sie stellt (auch ohne Aufforderung) ist in meinen Augen kein guter Verkäufer. In einem Bewerbungsgespräch können Sie übrigens feststellen, wie der Bewerber höchstwahrscheinlich auch seine Verkaufsgespräche führt (Nutzenverkauf, Bedarfsermittlung, Präsentation, Umgang mit Einwänden, Verhandlung usw.).

Suchen Sie neue Mitarbeiter auch in anderen Branchen
Der demografische Wandel sorgt dafür, dass Vertriebsstellen, die aus Altersgründen frei werden, nicht genügend Bewerber gegenüberstehen. Fachliche Kompetenz kann heute in der Regel schnell aufgebaut werden. Und Verkäufer müssen heute nicht mehr unbedingt auch Fachspezialisten sein. Sie arbeiten vielmehr im Tandem mit diesen zusammen. Denken Sie deshalb auch branchenübergreifend und stellen Sie sich folgende Fragen:

* In welchen Branchen finde ich Menschen, welche die notwendigen Softskills besitzen, um im Vertrieb erfolgreich zu sein?
* Welche Branchen bedienen ebenfalls unsere Zielgruppe und kennen bereits deren Anforderungen, Ziele oder Problemstellungen?

* In welchem Arbeitsumfeld finde ich Menschen, die zu unserer Arbeitsweise und den Rahmenbedingungen passen?

Darüber hinaus profitieren Sie noch von einem besonderen Vorteil: Sie holen sich frischen Wind ins Haus, Menschen mit neuen Ideen, die Impulse setzen und die Dinge noch aus anderen Blickwinkeln sehen können. Zumindest eine Zeit lang.

Stellen Sie Fragen, die über „normale" Interviewfragen hinausgehen

* Denken Sie einmal an eine Situation, in der Sie nicht erfolgreich waren – was haben Sie daraus gelernt?
* Wie gehen Sie mit Kunden um, die unrealistische Rabattforderungen haben?
* Was ist Ihre persönliche Stärke im Beziehungsaufbau bei Neukunden?
* Welchen Lernstil haben Sie?
* Wie sieht ihre optimale Rolle im Vertrieb aus?
* Welche Umsatzgrößen hatten Sie in den vergangenen Jahren?
* Wie muss Ihr idealer Vertriebsleiter sein?
* Welche Positionierung hatte das letzte Unternehmen, bei dem Sie gearbeitet haben?
* Was würden Sie niemals verkaufen wollen?
* Welche Rolle spielt Ethik im Verkauf für Sie?
* Wie lange war Ihr durchschnittlicher Verkaufszyklus?

Sie brauchen für den Erfolg Ihres Vertriebs Mitarbeiter mit einer ganz speziellen „Genetik". Ihre Zielgruppe, Ihre Produkte/Dienstleistungen, Ihre Preisstruktur, der Verkaufsprozess usw. tragen dazu bei, dass Sie *Ihren* Verkäufer ganz genau kennen müssen. Erfolgreiche Außendienstmitarbeiter müssen noch lange nicht gut am Telefon sein, wer bisher Produkte verkauft hat, muss lernen, dass komplexe Dienstleistungen ein anderes Feld sind. Finden Sie durch gezielte Fragen heraus, wie der Bewerber genau in den Punkten „tickt", die für Ihren Vertriebserfolg kritisch sind. Gehen Sie hier keine Kompromisse ein und lassen Sie sich nicht von vergangenen Erfolgen blenden. Sie brauchen Menschen die IHR Produkt, an *Ihre* Kunden im Rahmen *Ihres* Unternehmens verkaufen. Und darauf kommt es am Ende an.

3.5   Gastbeitrag: Stressfrei im Vertrieb – mit Vielfalt und wertebasiertem Recruiting (von Nele Kreyßig, HRperformance Institut)

Im Vertrieb geht es hoch her, sind Vertriebsteams doch maßgeblich für den überlebenswichtigen Unternehmensumsatz mitverantwortlich. Umso bedeutsamer ist es für Vertriebsleiterinnen und Vertriebsleiter, ein schlagkräftiges Team um sich zu wissen: Menschen, die ausgezeichnet kommunizieren können, eine gewisse Resilienz mitbringen, psychologisches Geschick aufweisen, analytisch denken, aber auch kreative und individuelle Lösungen für Kunden beisteuern. Was können Unternehmen tun, um ihre Vertriebsteams so zu entwickeln, dass sie nicht ausbrennen, sondern *für* das brennen, was sie tun?

Erfolgsfaktor Vielfalt
Starke Teams entstehen selten von alleine. Es gilt, sie aufzubauen und regelmäßig zu befähigen. Strukturen, klar umrissene und dennoch flexible Rollenbilder sowie passende Tools bereitzustellen, sind wichtige Grundlagen – ein viel-

fältiges Team ist jedoch der größte Erfolgsfaktor. Zu diesem Schluss kommt die McKinsey-Studie „Delivering through Diversity" (Leistung durch Vielfalt) von 2018. In der Pressemitteilung dazu heißt es: „Unternehmen, die sich durch einen hohen Grad an Diversität auszeichnen, haben eine größere Wahrscheinlichkeit, überdurchschnittlich profitabel zu sein."

Für Verantwortliche bedeutet das, sich schon im Recruiting mit Vielfalt auseinanderzusetzen und auch später in der Personalentwicklung regelmäßig einzelne Mitarbeiter individuell weiterzubilden. Hierbei sollte sich die Vertriebsleitung schon im Personalmarketing eng mit der Personalabteilung abstimmen, um festzustellen, wo potenzielle Mitarbeitende zu finden sind – und wie die unterschiedlichen Menschen anzusprechen sind. Denn: Wer das Vertriebsteam mit Diversität verbessern möchte, fördert Vielfalt aktiv.

Diversität als Entscheidungskriterium

Dazu gehört, schon bei der Stellenanzeige oder der aktiven Bewerbendensuche hervorzuheben, dass Diversität ein wichtiger Wert im Unternehmen ist und dass dieser auch aktiv gelebt wird. Für viele junge Erwachsene ist das ein Kriterium – mehr noch – ein Entscheidungsfaktor bei der Wahl ihres zukünftigen Jobs. Aber auch erfahrene Bewerbende motivieren sich für die Bewerbung, wenn die Stellenanzeige beispielsweise auf eine hohe Altersdiversität im Team hinweist.

Vielfalt im Recruiting bedeutet, auch vielfältig zu suchen und Suchkriterien anzupassen. Sind die „berufliche Herkunft" und die Branchenerfahrungen für die zu besetzende Stelle wirklich so entscheidend? Geht es doch vor allem um die Haltung, die ein Mensch mitbringt – und das Vermögen, auch nach zehn Absagen weiterhin positiv gestimmt zu sein, um das Team (und letztendlich das Unternehmen) zum erfolgreichen Abschluss zu führen. Ein Team, bestehend aus den besten Fachexpertinnen und Fachexperten, liefert keineswegs automatisch das beste Projektergebnis. Gemischte, heterogene Teams und Gruppen schneiden in der Regel besser ab, da in diesem vielfältigen Team alle von allen lernen. Für Stellenanzeigen eines diversen Vertriebs ist es demnach sinnvoll, auch Quereinsteigerinnen und Quereinsteigern Chancen einzuräumen, wenn sie die richtige Haltung und Persönlichkeit mitbringen.

Werteschnittmenge erarbeiten
Haltung und Persönlichkeit sind sehr individuelle Wesensmerkmale. Genauso wie jeder Mensch eine eigene Persönlichkeit hat, besitzen auch Unternehmen ihre singuläre Identität, die auf den gelebten Werten beruht (Achtung: die gelebten Werte unterscheiden sich hin und wieder von den formulierten Leitlinien oder Unternehmenswerten, speziell, wenn diese nicht aus dem Unternehmen heraus entwickelt, formuliert und konkretisiert wurden). Wer dem Vertriebsteam einen stressarmen Erfolg ermöglichen möchte, sollte die Werteebene schon in den Recruitingprozess einbeziehen. Für verantwortliche Vertriebsleitende bedeutet das, sich zunächst der eigenen Werten bewusst zu werden. Das klingt banal, allerdings denken viele Führungskräfte nicht explizit über die eigenen Werte nach. Doch erst wer sich seiner Werte bewusst ist, kann Entscheidungsfindungen klarer kommunizieren, schafft somit Verständnis und Vertrauen im Team und kann darauf aufbauend gemeinsame Teamwerte mit den Mitarbeitenden erarbeiten.

Im Bewerbungsgespräch ist es hilfreich, die Unternehmenswerte sowie die eigenen Führungs- und Teamwerte mit den Werten der Bewerbenden abzugleichen. Passt der Mensch zur Unternehmenskultur? Welche Werte zeichnen den Menschen aus? Welche Werte werden in unserem Unternehmen gelebt? Wo ist die Schnittmenge und gibt es überhaupt eine? Passen wir wirklich zusammen, und haben wir eine Chance darauf, mittel- bis langfristig gemeinsam im Unternehmen zu arbeiten? Wer sich diese Fragen beantwortet, hat später geringere Kosten durch Fluktuation, sich wiederholende Onboardingprozesse und erneutes Teambuilding. Für Verantwortliche im Vertrieb ist es ebenso hilfreich, die Motive der einzelnen Teammitglieder zu kennen. Was treibt wen im Team zu stressfreier Spitzenleistung an? Einige motiviert der Wettbewerb, sie wollen Gewinne einfahren, der/ die Beste sein. Für andere ist vor allem der vielseitige Kontakt mit Kunden und Teammitgliedern emotional relevant. Andere wiederum lieben es, sich regelmäßig in neue Themen/Märkte/ Produkte einzuarbeiten. Wer die Vertriebsmotive („Was ist es, was Ihnen so richtig Freude im Vertrieb bereitet? Warum verkaufen Sie – ganz persönlich – gerne?") der Bewerbenden abfragt, kann sie von Anfang an besser einschätzen und somit auch passend einsetzen.

So wichtig eine hohe Vielfalt im Vertriebsteam ist: Die einzelnen Teammitglieder sollten eine gemeinsame Werteschnittmenge haben, mit der sie sich identifizieren und die ihnen Orientierung gibt. Andersherum sollten auch die Bewerbenden genau prüfen, ob die Unternehmenswerte in das eigene Wertesystem passen. Denn: Passen die Unternehmenswerte nicht zu den persönlichen Wertevorstellungen, wird die Arbeit oft nur als Mittel zum Zweck angesehen: Geld verdienen. Die Identifikation, die eigene Motivation, der persönliche innerer Antrieb, bleibt dann ggf. auf der Strecke – und das schmälert mittelfristig die Zufriedenheit, die Leistungsbereitschaft und somit die Produktivität.

Gezielt weiterentwickeln

Für Vertriebsteams, die nicht an einem Ort sind, sondern verteilt an verschiedenen Standorten, oder im Außendienst auf Reisen, ist es besonders wichtig sich gut zu kennen, und mit dieser Art der Zusammenarbeit umgehen zu können. Remote-Zusammenarbeit ist nicht für jeden das Richtige! Sind die Teams verteilt aufgestellt, sollte die Vertriebsleitung auch hierauf im Recruiting eingehen und den Bewerbenden auf den Zahn fühlen: Wie viel Zusammenarbeit und Vor-Ort-Teamarbeit braucht die Person? Wie sehr möchte und kann sie auch alleine und remote arbeiten? Die Stärken und Schwächen der einzelnen Teammitglieder zu kennen, hilft Verantwortlichen, gruppendynamische Prozesse nachzuvollziehen und die Rollen der Einzelnen klarer zu verteilen. Und: Sie können Ihre Leute in enger Zusammenarbeit mit der Personalentwicklung gezielt und individuell fördern, und damit die individuellen und teamspezifischen Stärken stärken.

Fazit: Diversität für den Vertriebserfolg nutzen
Bunt gemischte Teams bringen sehr viel Kraft auf die Strecke. Gerade im Vertrieb ist nachhaltige High Performance essenziell für die Umsatzzahlen. Wenn die Vertriebsleitung schon im Recruiting auf Vielfalt setzt und dann später die einzelnen Mitarbeitenden gezielt weiterentwickelt, formt sie aus einem „bunt gemischten Haufen" eine schlagfertige, lernbegierige und motivierte Gruppe, in der jede/r die eigene Rolle kennt und sich gegenseitig unterstützt. Es entsteht eine stressfreie Zusammenarbeit, die erfolgreich ist und die Mitarbeitenden und das Unternehmen voranbringt. Solche Teams sind häufig auch in der Lage, die Kunden mit kreativen Lösungswegen zu überraschen. In einer Zeit, in der Produkte und Dienstleistungen oftmals austauschbar und Kunden immer anspruchsvoller werden, geben vielfältige kreative Teams, die im Innen wie im Außen motiviert agieren, den auschlaggebenden Entscheidungsfaktor.

3.6   Der Vertrieb ist zu fokussiert auf das Verkaufen

Sie haben richtig gelesen. Seit vielen Jahren stehen meine Trainings unter dem Motto: „Hört auf zu verkaufen". Was sich im ersten Moment aus vertrieblicher Perspektive gesehen kontraproduktiv anhört, möchte ich gerne kurz erläutern. Meiner Erfahrung nach erzielen Verkäufer, die sich zu stark auf den Abschluss und das Verkaufen als Tätigkeit konzentrieren, schlechtere Ergebnisse als ihre erfolgreichen Kollegen. Das dauernde „Ich-muss-verkaufen-Denken" hat dazu geführt, dass (potenzielle) Kunden immer mehr das Gefühl haben, dass es gar nicht um sie und ihren Nutzen geht, sondern um den Verkäufer, die Produkte und den Umsatz des Unternehmens. Verkäufer hören nicht mehr richtig zu, sondern sind bemüht, selbst möglichst viele Informationen zu vermitteln. Ob diese für den Kunden wirklich relevant sind, bleibt oft ungeprüft. Einwände des Kunden werden mit vorgefertigten Floskeln und Argumentationsmustern retourniert. Verkäufer, die sich nur auf den Verkauf konzentrieren, versuchen möglichst viel zu tun, um genau die Reaktionen zu erhalten, die sie positiv finden und vermeiden alles, um unbequeme Fragen oder Antworten zu erhalten. Der Wunsch nach „Kontrolle" über das Gespräch und den Kunden führt zu gekünstelten Dialogen und verhindert offene Gespräche auf Augenhöhe. Ein Beispiel aus meiner Coachingpraxis:

Der Vertriebsmitarbeiter hat dem Interessenten eine Lösung für dessen Problem vorgestellt und diesen um seine Meinung gebeten. Der Interessent sagt: „Das ist eine gute Lösung, ich kann mir vorstellen, dass wir das bei uns einsetzen können. Wenn ich allerdings jetzt zu meiner Geschäftsführung gehe, dann werde ich als erstes zu hören bekommen, dass der Preis deutlich zu hoch ist. Was kann man da machen?"

Ein Verkäufer, der auf den Abschluss fokussiert ist, wird meist folgendermaßen reagieren:

Er wird ein Rabattangebot machen und den Kunden als Gegenleistung zum Kauf verpflichten. „Wenn ich Ihnen hier und heute 20 % Rabatt gebe, sind wir dann im Geschäft?". Frei nach dem Motto: „Lieber ein Spatz in der Hand als die Taube auf dem Dach". Seinem Vertriebsleiter wird er anschließend glaubhaft versichern, dass es keine andere Möglichkeit gegeben hätte, den Kunden zu gewinnen. Schließlich hat er dieser das Preisthema direkt angesprochen.

Erfolgreiche Verkäufer haben Distanz und mehr Selbstvertrauen

Ein Verkäufer, der Distanz hat, wird nicht gleich seine Felle davon schwimmen sehen, sondern die (wahrscheinlich) wahre Botschaft in der Reaktion seines Gesprächspartners finden. Diese lautet:

> „Wir wollen euer Produkt kaufen, mich hast du schon überzeugt, aber das reicht nicht. Wie können wir beide kooperieren, damit auch unsere Geschäftsleitung den wahren Wert dieser Lösung erkennt und nicht nur auf den Preis schaut?"

Die Basis jeder geschäftlichen Beziehung im B2B ist Vertrauen. Wenn ein Verkäufer eine gewisse Distanz zum eigentlichen Verkauf hat, dann hat er automatisch mehr Selbstvertrauen. Warum? Weil das Selbstvertrauen nicht allein vom angestrebten Ergebnis des Termins oder des Anrufes abhängig ist. Dadurch werden auch weniger Situationen als negativ angesehen. Man kann mit dieser Einstellung auch nicht verlieren. Mit der notwendigen Zuversicht (die aus dem Selbstvertrauen herausentsteht), erzielen erfolgreiche Verkäufer in der Regel mehr Offenheit, erhalten wichtige Informationen und müssen sich deutlich weniger den üblichen „Abwehr- und Machtspielchen" hingeben. Diese

Dialoge entstehen tatsächlich überwiegend dann, wenn der der Verkäufer nicht zu sehr am Verkauf „klebt" und der Gesprächspartner dies bewusst oder unbewusst wahrnimmt.

Bitte verstehen Sie mich richtig: Das Verkaufen ist die Daseinsberechtigung und das Ziel des Vertriebs. Meiner Erfahrung nach könnten viele Vertriebe aber noch deutlich erfolgreicher sein, wenn sie sich nicht nur auf Abschlüsse und Verkaufszahlen fokussieren würden. Die „Art des Verkaufens", die Verkaufsphilosophie, hat deutliche Auswirkungen auf den Stresslevel von Führungskräften. Verkäufer, die größtenteils um des Verkaufens willen verkaufen, bringen zwar Umsätze ins Haus, können aber auch gleichzeitig für unerwünschte Nebeneffekte wie Reklamationen, Kündigungen oder negative Deckungsbeiträge sorgen.

Verkäufer, die zu stark auf das Verkaufen fokussiert sind,

* sind in der Regel nicht die besten Verhandlungspartner. Sie geben schnell Rabatte, achten weniger auf ordentliche Deckungsbeiträge und verkaufen eventuell nicht die besten Lösungen für den Kunden. Das wirkt sich direkt auf die Vertriebsergebnisse, die Margen und den Gewinn aus.
* haben oftmals nicht den Mut, den Kundenwunsch kritisch zu hinterfragen und im Zweifel, das Geschäft eher nicht zu machen, weil der Kunde sonst nicht wirklich den Nutzen haben würde, den er sich erhofft.
* tragen unbewusst dazu bei, dass Ihr Vertrieb im Markt nicht die beste Reputation hat und eher in den Bereich „Druckverkauf" gesteckt wird. Gerade in den sozialen Medien berichten heute viele gefrustete Menschen über ihre Erfahrung mit Verkäufer und Vertriebsmethoden, die ihrer Ansicht nach weniger professionell sind.

Mit diesen (möglichen) Ergebnissen wird auch früher oder später die Vertriebsleitung konfrontiert werden, die dann das

Eisen wieder aus dem Feuer holen muss. Sei es mit Umsatzverlusten, Reklamationen, dem Abwandern von Kunden oder einem Imageverlust.

> **Tipp**
>
> Zu den Aufgaben eines Vertriebsleiters gehört es auch, eine geeignete und wirksame Verkaufsphilosophie und -methodik zu entwickeln (abhängig von der eigenen Zielgruppe, des Marktes und des Portfolios), mit der einerseits die Vertriebsziele erreicht werden können und andererseits die Kundenzufriedenheit und die Kundenbindung gewährleistet wird. Sensibilisieren Sie Ihre Mitarbeiter dahingehend, dass der Abschluss das Ziel ist, dieser aber das Ergebnis eines Prozesses ist. Ein Prozess *mit* dem Kunden und nicht *gegen* ihn. Machen Sie den Vertriebsprozess und die Kommunikation regelmäßig zum Thema, denn diese gehören zu den mächtigsten Stellschrauben des Vertriebserfolgs. Und wirken sich gleichzeitig deutlich auf das vorhandene Stresslevel aus.

Literatur

Kaduk S, Osmetz D (2013) Musterbrecher. Die Kunst, das Spiel zu drehen. Murmann, Hamburg

McKinsey&Company (2018) „Delivering through Diversity" (Leistung durch Vielfalt). McKinsey&Company, New York

4

10 Schritte zu weniger Stress und mehr Erfolg

4.1 Stellen Sie Ihre Führungsrolle auf den Prüfstand

Erfolgreiche Führungsarbeit setzt ein klares Verständnis der eigenen „Welt" und der „Welt" der Mitarbeiter voraus. Und eine gute Wahrnehmung über das, was um Sie herum geschieht. Das Selbstverständnis einer Führungskraft sorgt dafür, ob sie erfolgreich ist oder nicht.

In vielen Fällen ist ein unklares Verständnis der eigenen Welt oder der Welt des anderen die Ursache für Konflikte. Was auch immer der Grund sein mag – vielen Führungskräften ist die Bedeutung der eigenen Persönlichkeit auf den gesamten Führungsprozess und die daraus resultierenden Ergebnisse noch nicht ausreichend bewusst. Mitarbeiter verlassen meist nicht das Unternehmen, sondern ihre Chefs, so lautet eine provokante These. Angeblich sollen über 70 % der Faktoren, die zu einer Unzufriedenheit beitragen, direkt mit der Person des Vorgesetzten zusammenhängen. Aber das bedeutet im Umkehrschluss auch, dass

© Springer Fachmedien Wiesbaden GmbH, ein Teil von Springer Nature 2020
M. Euler, *Der Anti-Stress-Trainer für Vertriebsleiter*, Anti-Stress-Trainer, https://doi.org/10.1007/978-3-658-28265-3_4

Mitarbeiter dem Unternehmen auch wegen ihrer Chefs die Treue halten und Leistung erbringen. Und hier beginnt die Rollendefinition: Wer möchten Sie sein? Wie möchten Sie wahrgenommen werden?

Um Mitarbeiter im Vertrieb zum Erfolg zu führen, sind die folgenden Gedanken bestimmt hilfreich:

* Motivieren statt Kommandieren, Rahmenbedingen schaffen statt Anweisungen geben
* Selbstbestimmtheit fördern statt Abhängigkeit erzeugen
* Übergeordnete Zusammenhänge vermitteln, um Komplexität zu reduzieren
* Moderieren statt kontrollieren
* Andere beraten – sich selbst beraten lassen
* Vertrauen schaffen als Kompensator für Unsicherheit und Ängste
* Intellektuelle Beweglichkeit statt Beharren auf Erfahrungen

Für viele hat das nichts, aber auch gar nichts mehr mit der Rolle der klassischen Führungskraft zu tun. Es klingt utopisch, fühlt sich an wie ein Abstieg und bedeutet die Aufgabe der geliebten Führungsprivilegien. Es geht aber in erster Linie nicht darum, alles über Bord zu werfen und von heute auf morgen genau das Gegenteil von dem zu tun, was man bisher getan und gedacht hat. Es geht darum zu prüfen, wie und wann Sie sich wohlfühlen bei dem, was sie tun und wie Sie es tun. Denn nur wenn Sie sich überwiegend wohlfühlen, können Sie auch dafür sorgen, dass es andere ebenfalls tun.

Gehen Sie in die Selbstinventur!

Nehmen Sie achtsam und sehr bewusst wahr, was um Sie herum passiert. Wie sich die Umgebung und die Menschen verändern. Prüfen Sie kritisch, welche von Ihren Glaubenssätzen und welche Teile des Rollenverständnisses noch wirksam sind und funktionieren. Und wie Sie sich dabei fühlen. Alles verändert sich, aber nicht überall gleich. Und dann identifizieren Sie, wo es an der Zeit ist, das eigene Selbstbild, das Rollenverständnis und die Denkmuster zu verändern. Was sich nicht gut anfühlt, muss überdacht werden.

Wenn Sie diesen Prozess selbst durchlaufen, dann können Sie auch Ihre Mitarbeiter dabei unterstützen. Wahrscheinlich erkennen Sie dann auch Gemeinsamkeiten.

Finden Sie Ihre Stärken und eigenen Motive
Ebenso wie jeder von uns im privaten Bereich mehrere Rollen (Elternteil, Partner, Freund, Vorbild usw.) einnimmt, gibt es auch in der Führungsarbeit mehrere Rollen. Sie sind als Richtungsgeber, Vorgesetzter, Entscheider, „Feuerwehr", Ratgeber oder Sparringspartner im Einsatz. Führung findet überwiegend im sozialen und gesellschaftlichen Gefüge statt und ist eine Reaktion auf bestimmte Ereignisse in der Zusammenarbeit mit Menschen. Finden Sie für sich heraus, welche Rollen Sie gerne ausüben und welche sie eventuell vermeiden. Sie können nicht alle Rollen in Perfektion beherrschen. Aber alleine die persönliche Auseinandersetzung damit trägt zu Ihrer persönlichen Entwicklung bei.

Leitfragen:

* Was ist mir persönlich wichtig?
* Was leitet und bewegt mich?
* Was sind meine persönlichen Werte, die mir sagen, was gut oder schlecht ist, was ich darf und was nicht?
* Welche Auswirkungen hat das auf meine Art zu führen?
* Wer möchte ich für meine Mitarbeiter sein – wie möchten mich meine Mitarbeiter sehen?
* Wie fühle ich mich in konkreten Situationen in meiner Führungsarbeit?
* Was sollen andere sagen, wenn sie über mich reden?

Authentizität ist nicht nur für andere wichtig, sondern die Grundlage eines erfolgreichen Selbstmanagements

Wie authentisch wir von anderen Menschen wahrgenommen werden, beeinflusst deren Einstellung und das Verhalten uns gegenüber. Dabei bedeutet authentisch zu sein nicht, dass wir uns verhalten sollen, wie wir gerade Lust haben und wonach uns gerade ist.

Authentisch zu sein bedeutet hauptsächlich, die Stimmigkeit mit sich selbst anzustreben. Das eigene Verhalten in Einklang mit den eigenen Werten und Motiven zu bringen. Das zu tun, wofür man steht, was einem selbst wichtig ist. Immer dann, wenn wir uns in unserem Verhalten von diesen Werten entfernen, leidet unser Selbstwertgefühl. Wir fühlen uns nicht wertig, können das Tagesgeschäft nicht so einfach managen und Entscheidungen fallen uns schwer.

Seien Sie stimmig mit sich selbst, das verschafft Ihnen eine Basis, von der aus Sie gut agieren können. Arbeiten Sie gezielt an den Punkten, die Sie heute nicht so gut beherrschen. Als grundsätzlich harmonischer Mensch fehlt es Ihnen in manchen Situationen vielleicht an der Fähigkeit, klare Anweisungen zu geben. Lernen Sie dies, denn Sie brauchen es – und werden dadurch nicht automatisch zum Diktator. Die Festlegung auf einen einzigen der vielen Führungsstile ist nicht zielführend. Sie brauchen ein Repertoire von Optionen, auf die sie – abhängig von der Situation und dem gewünschten Ziel – zurückgreifen können.

4.2 Seien Sie entschieden – dann können Sie besser entscheiden.

Sie kennen das bestimmt: Eine wichtige Entscheidung steht an. Und es vergeht eine Menge Zeit, in der Sie immer wieder abwägen, Pro- und Contra-Sheets erstellen, andere um ihre Meinung fragen, um am Ende vielleicht noch verwirrter und unentschiedener sind als zu Beginn. Der Kopf ist voll, die Motivation ist verflogen und mittlerweile hilft Ihnen die Liste auch nicht mehr weiter.

Entscheidungen zu treffen gehört zu den wichtigsten Aufgaben von Führungskräften. In der VUKA-Welt ist es meist nicht möglich, alle relevanten Informationen zur Verfügung zu haben. Deswegen aber so lange zu warten, bis man glaubt, auch die letzte Information zu haben, ist nicht die beste Option.

„Führungskräfte tragen das Entscheidungsrisiko, aber nicht zu entscheiden oder Entscheidungen herauszuzögern sind keine Optionen."

Seien Sie deshalb entschieden, dann können Sie leichter Entscheidungen treffen. Der US-Psychologe William James sagt: „Wenn du eine Entscheidung treffen musst und du triffst sie nicht, dann ist das auch eine Entscheidung."

Denn wenn Sie Entscheidungen immer wieder herauszögern oder bestimmten Themen aus dem Weg gehen, dann werden Mitarbeiter demotiviert und frustriert. Besonders diejenigen, die engagiert sind und Ihre Entscheidungen erwarten und benötigen.

Entschiedenheit ist die Voraussetzung, um Entscheidungen treffen zu können

Was meine ich mit Entschiedenheit? Ein Beispiel: Sie sind entschieden, ein neues Auto zu kaufen und haben das alte Fahrzeug bereits inseriert oder sogar schon verkauft. Nun wird es Ihnen leichtfallen, loszugehen und ein neues Auto zu kaufen. Sie können nun ohne Hadern die notwendigen Entscheidungen treffen. Welches Fabrikat, welches Modell, welche Ausstattung usw.

Wenn Sie noch nicht wirklich entschieden sind, dass Sie auf jeden Fall ein neues Auto kaufen werden, dann werden Sie die Suche immer wieder herauszögen, zeitweise die Suche abbrechen und am Ende vielleicht überhaupt kein neues Auto kaufen. Entscheidungen treffen zu können setzt Entschiedenheit voraus. Die Entschiedenheit, etwas wirklich zu wollen und diese dann konsequent bis zum Ziel zu verfolgen. Entschiedenheit ist also eine Grundhaltung, kein Verhalten.

Entschiedene Menschen strahlen Entschiedenheit aus
Sie entwickeln eine positive Energie und lassen sich durch Unwägbarkeiten nicht vom Plan abbringen. Entschiedenheit führt dazu, sich einer Sache zu verpflichten, sie zur „Herzenssache" zu machen ohne sich dabei Hintertürchen offen zu lassen. Ohne Wenn und Aber. Selbstverständlich ist es notwendig – bei aller Entschiedenheit –, die Entwicklung im Blick zu behalten und zu überprüfen, ob man noch auf dem richtigen Weg ist. Es geht nicht um die Einstellung „Um jeden Preis", und bei aller Entschiedenheit und Überzeugtheit ist es wichtig, noch einen Notfallkoffer dabeizuhaben. In unserer dynamischen Zeit müssen wir Entscheidungen auf der Basis von sinkender Gewissheit und steigender Unsicherheit treffen. Olaf Hintz (2014) formuliert es folgendermaßen:

> „Die Führungskraft sieht der Komplexität ins Auge und macht sich klar, dass sie Änderungen als das annehmen kann, was sie sind: eine Chance, sich neu aufzustellen. Sie arbeitet in einer Haltung, dass unentscheidbare Entscheidungen zu treffen sind."

Lernen Sie, die unentscheidbaren Entscheidungen zu treffen
Die Managementtheorie liefert uns viele Instrumente und Tools, um Entscheidungswege zu entwickeln, die zu „guten"

Entscheidungen führen. Diese Methoden setzten allerdings voraus, dass ein fester Rahmen besteht und die Parameter, die es zu berücksichtigen gilt, bekannt und eindeutig definiert sind. Diese Entscheidungen können als „leichte Entscheidungen" bezeichnet werden, denn am Ende gibt es ein Ergebnis, das relativ klar aufzeigt, welche Entscheidung oder Option am besten geeignet ist, um das gewünschte Ziel zu erreichen. Die beste Entscheidung steht im Grunde schon vorher fest, man muss sie nur finden und auswählen.

Im Vertrieb fehlen uns oft diese Parameter, oder die Prognosen für die Zukunft sind nicht von besonders hoher Güte. Wir müssen lernen, Entscheidungen zukünftig auch dann treffen zu können, wenn aufgrund fehlender Informationen nicht die gesamte Sachlage zu überblicken ist. Wir müssen lernen, das Risiko einzugehen, dass sich die Entscheidungen später als „Fehlentscheidungen" herausstellen können. Entscheidungen, bei denen das Risiko sicher kalkulierbar ist und alle relevanten Informationen vorhanden sind, sind eher Wahlmöglichkeiten. Alle anderen sind „unentscheidbar" und müssen doch entschieden werden.

Wie entwickelt sich der Markt? Was macht der Mitbewerber, wer entscheidet künftig beim Kunden, an welche gesetzlichen Regelungen ist unser Geschäftsmodell zukünftig gebunden? Es gibt für viele Entscheidungssituationen keine verlässlichen Regeln und Prozesse.

Bei „unentscheidbaren" Entscheidungen können wir nicht wissen, welche Alternative die richtige ist. Im Grunde hat man nicht wirklich eine Wahl. Hier kommt es darauf an, dass überhaupt entschieden wird. Und dass Führungskräfte lernen, dass es Faktoren gibt, die auch in diesen Entscheidungssituationen hilfreich sind.

Nutzen Sie Ihren inneren Ratgeber – Ihre Intuition

Intuition ist keine Laune oder eine Gefühlsregung, sondern ein „innerer Kompass", den jeder in sich trägt. Sie ist eine

Art unbewusste Intelligenz, die das logische Denken ergänzt. Je komplexer die Situation, umso eher hilft uns dieses Instrument, da die Intuition Zugriff auf unsere gesamte Erfahrungswelt und zuverlässige Regelungen hat, die in unserem Unbewussten verortet sind. Die Intuition versorgt uns mit implizitem Wissen, das im normalen Tagesgeschäft nicht die Hauptrolle spielt. Man kann dies auch als „gefühltes Wissen" bezeichnen.

Jeder kann lernen, die eigene Intuition als eine Entscheidungsinstanz zu nutzen und zu entwickeln. Wenn Führungskräfte gefragt werden, warum sie in schwierigen Situationen genau diese Entscheidung getroffen haben, dann können sie diese Frage nicht immer beantworten. Hier ist anzunehmen, dass die „innere Stimme" einen wesentlichen Beitrag zu dieser Entscheidung geleistet hat.

* Seien Sie aufmerksam und „hören" Sie darauf, was Ihnen Ihr Gefühl „sagt".
* Erkennen Sie körperliche Reaktionen, die Sie bei bestimmten Überlegungen haben.
* Achten Sie auf Ihre Gedanken, Erinnerungen und Situationen, die Ihnen in diesem Moment durch den Kopf gehen.
* Versuchen Sie zu erkennen, welche Bedeutung dies für Sie aktuell hat.

Intuition muss und kann nicht begründet werden, versuchen Sie es deshalb gar nicht. Denn dadurch würde man versuchen, die Intuition auf die rationale Ebene zu heben.

Erfolgreiche Führungskräfte und Vertriebsmitarbeiter haben einige Gemeinsamkeiten:

1. Neben den offensichtlichen Kompetenzen und allgemeinen Qualifikationen verfügen sie über eine Toolbox von Entscheidungsregeln. Diese stammen ausschließlich

aus persönlicher Erfahrung. Sie „hören" auf ihre Erfahrung und lassen sich auf diese ein.

2. Diese persönlichen Regeln sind meist intuitiv.
3. Vertriebsmitarbeiter und Führungskräfte haben daraus die Fähigkeit entwickelt zu „spüren", in welchen Situationen welche Entscheidungsregeln angebracht sind und wahrscheinlich zum Erfolg führen.

Hilfreiche Fragen, um die eigenen (intuitiven) Entscheidungsregeln bewusst zu nutzen

* Welche meiner eigenen Regeln haben mir bisher Erfolge beschert, welche eher nicht?
* In welchen Situationen habe ich (unbewusst) welche Regeln angewandt?
* Wo hätte ich rückblickend meiner Intuition mehr vertrauen, mich auf sie verlassen sollen?

Entscheidungen sind nicht für die Ewigkeit, und es ist absolut vertretbar, getroffene Entscheidungen wieder umzukehren. Intuition kann und soll das Nachdenken und die eigene Wahrnehmung nicht ersetzen. Sie ist eine sinnvolle Ergänzung insbesondere dann, wenn auf Ratio basierende Methoden sich nicht als nützlich oder praktikabel erweisen.

Entscheidungen sind nicht gleich Entscheidungen. Und in vielen Fällen zeugt es von größerer Souveränität, wenn man Entscheidungen trifft, diese reflektiert und bei Bedarf seine Entscheidungen revidiert. Der Einsatz, den Sie bei einer Entscheidung leisten, ist kalkulierbar. Und in vielen Fällen hat sich gezeigt, dass erst eine Reihe von Fehlentscheidungen notwendig waren, um die am Ende beste Entscheidung zu treffen. Übrigens: Sie müssen nicht alle Entscheidungen selbst treffen, das ist nicht immer der beste Weg. In diesem Fall müssen Sie sich darum kümmern, die Entscheidungsfindung voranzutreiben.

Die sechs „Denkhüte" von Edward De Bono

Wenn es mal wieder darum geht, ausgetretene Pfade zu verlassen, neue Ideen zu entwickeln oder „festgefahrene" Themen zu bearbeiten, dann ist die Methode der „Sechs Denkhüte" von Edward de Bono (siehe de Bono 2016) ein guter Helfer. Diese Methode basiert auf der Grundidee von Rollenspielen und versetzt uns (unser Gehirn) in jeweils verschiedene Rollen und damit in Denkweisen, die zu neuen, spannenden Gedanken führen können.

Dazu hat de Bono insgesamt sechs verschiedene Denkrichtungen als Grundlage genommen, die in Form eines farbigen Hutes repräsentiert werden (vgl. Abb. 4.1). Diese Hüte können sich nun verschiedene Mitglieder in einer Diskussion oder einer Entscheidungsphase virtuell aufsetzen und damit diese Denkrichtung verfolgen. Aber es ist selbstverständlich auch möglich, sich selbst nacheinander diese Hüte selbst aufzusetzen, wenn es um Entscheidungen geht, die nicht mit anderen getroffen werden sollen.

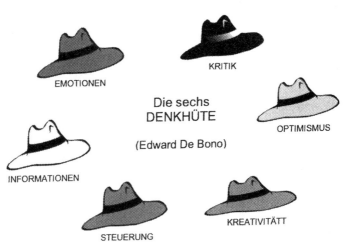

Abb. 4.1 Denkhüte (Quelle: Eigene Darstellung auf Basis der sechs Denkhüte von de Bono (2016))

Die sechs Hüte im Einzelnen
Der weiße Hut

Informationen: Der weiße Hut fokussiert sich auf alle vorliegenden Zahlen, Daten und Fakten. Mit ihm wird ausschließlich analysiert und nichts anderes als die reinen Sachinformationen betrachtet. In Rahmen einer Diskussion ist dies die Person mit einer möglichst objektiven Haltung.

Die zentrale Frage lautet: Welche Fakten liegen uns vor?

Der rote Hut

Emotionen: Der rote Hut „tickt" rein emotional. Es geht um Intuition, Stimmung, Bauchgefühl. Er berücksichtigt eigene Gefühle sowie auch die der anderen Beteiligten. Der Fokus liegt auf Ängsten, Sorgen, Freude, Abneigungen, Spaß usw.

Die zentrale Frage lautet: Wie fühle ich mich/fühlen sich andere bei dieser Thematik?

Der schwarze Hut

Kritik: Der Träger des schwarzen Huts sucht nach potenziellen Problemen, Unwägbarkeiten und Risiken. Er ist kritisch und vorsichtig. Von positiven Emotionen lässt er sich nicht beeindrucken. Er entwickelt Vorsichtsmaßnahmen und strebt an, Probleme und das „Worst-Case-Szenario" zu vermeiden.

Die zentrale Frage lautet: Was kann theoretisch alles schiefgehen?

Der gelbe Hut

Optimismus: Der gelbe Hut sieht die Thematik freudig und grundsätzlich positiv. Er sucht sich alle positiven Aspekte des Themas heraus und sammelt Vorteile und Nutzen. Es geht um Harmonie, Erfolg, Freude und das „Best-Case-Szenario". Diese Betrachtung ist sehr wertvoll, wenn ein Thema schwierig oder bedrohlich zu sein scheint.

Die zentrale Frage lautet: Wie sieht das bestmögliche Ergebnis aus?

Der grüne Hut

Kreativität: Der Träger dieses Hutes hat die Erlaubnis und den Auftrag zum „Herumspinnen". Er darf frei denken, sich nicht an Regeln halten und auch die abwegigsten Ideen und Szenarien beschreiben. Er denkt konstruktiv, pragmatisch und ergebnisbezogen. Der Träger des grünen Hutes darf frei denken! Abseits von Kritik dürfen neue Ansätze geäußert werden, und er schaut über den Tellerrand hinaus. Und das frei von Kritik.

Die zentrale Frage lautet: Welche Optionen und alternative Lösungen gibt es noch?

Der blaue Hut

Steuerung: Der Träger dieses Hutes hat das Steuerrad in der Hand. Er steuert den Prozess und achtet darauf, dass die Regeln eingehalten werden. Der Träger des blauen Hutes moderiert die anderen Hüte und sorgt dafür, dass jeder bei seinem Thema bleibt und dass eine ausgeglichene Beteiligung stattfindet.

Die zentrale Frage lautet: Verläuft die Diskussion fair und nach den vereinbarten Regeln?

Die Vorteile der „Sechs-Hüte-Methode"

* In andere Rollen zu schlüpfen bedeutet, andere Sichtweisen einnehmen und Denkweisen nutzen zu können, die sonst in unseren Mustern nicht – oder weniger – zum Einsatz kommen. Und diese Sichtweisen bieten uns oft weitere Optionen.
* Ungewohnte Sichtweisen einzunehmen hilft uns dabei, andere Menschen besser zu verstehen, Zusammenhänge zu erkennen und Neues zu lernen.
* Durch die so unterschiedlichen Denkweisen, die alle berücksichtigt werden (müssen) wird ein gutes Gesamtbild einer Situation gezeichnet, extreme und einseitige

Sichtweisen werden auf eine Stufe mit allen anderen gestellt. Es findet ein natürlicher Ausgleich statt.
* Diskussionen werden durch den spielerischen Ansatz offener und durch die wahrscheinlichen Überzeichnungen der einzelnen Denkweisen eröffnen sich Optionen, die sonst eher unwahrscheinlich sind.

4.3   Entwickeln Sie Ihr Selbstmanagement – 50 % Stress ade

Das Selbstmanagement ist der Erfolgsfaktor, den Sie unmittelbar beeinflussen können. Die Basis für den Erfolg der eigenen Arbeit und der Führung im Vertrieb. Denn das Ziel ist einfach und klar formuliert: mehr Zeit für das zu haben, was wirklich wichtig ist und Spaß macht. Vom zeit- und termingetriebenen Menschen zum Menschen, der das Steuer in der Hand hat.

Werden Sie sich zuerst bewusst, welche Tätigkeiten Sie über den Tag verteilt so erledigen. Gefühlt dauert manches eher länger, manchmal kommt es einem sehr kurz vor. Manches vergisst man. Halten Sie sich einmal den Spiegel vor und dokumentieren Sie eine Woche lang alles, was Sie tun, wann Sie es tun und wie lange Sie es tun. Danach sehen Sie klarer und können gezielt, mit mehr Selbstbewusstsein und vor allem stressfreier an die Arbeit gehen. Versprochen! Sie haben nämlich dann die Möglichkeit, besser zu delegieren, Aufgaben zu eliminieren, oder zu automatisieren. Und Sie können öfter Nein sagen. Führen Sie dieses Zeittagebuch diszipliniert und lassen Sie nichts aus. Das wird nicht leicht. Der Gedanke, alles – wirklich – alles aufzuschreiben ist nicht sehr sympathisch. Am Ende werden Sie sich freuen und gleichzeitig ärgern. Freuen werden Sie sich darüber, dass Sie nun entscheiden können, wie Sie mit dem Ergebnis umgehen. Ein bisschen ärgern darüber, dass Ihnen viele Dinge nicht neu waren und Sie sich schon viel zu lange darüber geärgert, sie aber nicht geändert haben.

Die ADE-Methode für mehr Zeit, weniger Stress und mehr Selbstwert

> ADE steht für Automatisieren, Delegieren und Eleminieren. Die Kernfragen dahinter lauten:
>
> A: Wie kann ich es vereinfachen und auf das Nötigste reduzieren?
> D: Wer kann es außer mir (noch) machen?
> E: Was würde passieren, wenn es gar nicht mehr gemacht würde?

Automatisieren: Gerade durch technische Innovationen sind wir heute in der Lage, immer wiederkehrende Prozesse zu automatisieren, bzw. den dafür nötigen Zeitaufwand deutlich zu minimieren. Sei es durch Textbausteine in E-Mails oder Briefen, der Diktierfunktion in Smartphones oder der Funktionalität bestimmter Apps. Es ist nicht nur die Zeitersparnis, von der wir profitieren. Gleichzeitig können wir Fehler und Stress vermeiden, der dadurch entsteht, dass wir noch zu viele Dinge tun, die keinen Spaß machen, sondern als leidige Tätigkeit angesehen werden. Nutzen Sie alle vorhandenen Möglichkeiten, um Zeit zu gewinnen, die Sie an andere Stelle besser einsetzen können.

Delegieren: Laut dem bekannten Eisenhower-Prinzip sollen Führungskräfte diejenigen Aufgaben delegieren, die den Status „Dringend, aber nicht wichtig" haben. Alle wichtigen Aufgaben sollen also von der Führungskraft erledigt werden. Dieses Prinzip setzt Entscheidungen auf der Ebene von „Entweder – Oder" voraus. Mein Grundverständnis des

Delegierens sieht eher einen Prozess, in dessen Verlauf bestimmte Teile delegiert, aber auch zurückdelegiert werden können und dürfen. In diesem Prozess dürfen auch wichtige Tätigkeiten delegiert werden, besonders dann, wenn jemand anderes diese Tätigkeiten besser ausführen kann als die Führungskraft. Delegation ist kein starrer Vorgang mehr, sondern ist immer kontext- und situationsabhängig zu betrachten. Die wichtigsten Aufgaben sollten also immer von der Person erledigt werden, welche die höchste Kompetenz besitzt. Und wenn das der Azubi wäre? Dann ist das eben der Azubi.

Eliminieren: Das Eliminieren oder das sich Entledigen von tatsächlich unwichtigen Aufgaben ist auf den ersten Blick sehr sympathisch. Und natürlich muss man die Frage stellen, warum man überhaupt Zeit in Dinge investiert, die keinen Sinn oder Nutzen bringen. Bevor man diese Dinge aber ein für alle Mal in die Tonne schmeißt, bedarf es noch einer wichtigen Prüfung. Auch hier zwei Fragen zur Hilfestellung:

1. Sind diese Tätigkeiten nur momentan nicht sinnvoll oder wichtig?
2. In welchem Zusammenhang stehen diese Tätigkeiten mit anderen (wichtigen) Tätigkeiten?

> Mitarbeiter und Führungskräfte im Vertrieb sollen möglichst viel Zeit mit wertschöpfender Arbeit verbringen. Und so wenig wie möglich nur „beschäftigt" sein.

Auch Ihre Mitarbeiter können Sie bei diesem Thema unterstützen. Schauen Sie sich an, welche Aufgaben diese mit welchem Zeitaufwand bearbeiten. Wie viel davon zahlen auf die Wertschöpfung ein, wie viele davon sorgen nur dafür, dass die Mitarbeiter „beschäftigt" sind? Im Vertrieb muss der Großteil der Zeit mit Wertschöpfung verbracht werden. Und wer beschäftigt ist, der muss noch lange nicht arbeiten.

Prokrastination – das mache ich dann später noch

Neulich traf ich einen Trainerkollegen. Ich sagte zu ihm: „Was machst du denn hier, ich dachte, du hättest heute Führungskräfte bei dir zum Thema Aufschieberitis?". „Ja", sagte er. „Aber die haben alle gestern abgesagt, den Workshop machen sie dann nächstes Jahr".

Auch wenn es landläufig gerne so gesehen wird, hat das Aufschieben von wichtigen Dingen erst einmal nichts mit Faulheit zu tun. Für die meisten ist es ein Tauschgeschäft. Ein gutes Gefühl wird gegen ein Schlechtes eingetauscht. Denkt eine Führungskraft zum Beispiel an das Kritikgespräch mit dem Vertriebsmitarbeiter, der schon zum wiederholten Male gegen die Dienstwagenvorschrift verstoßen hat, so kommt dabei ein ungutes Gefühl auf. Bevor sie also den Mitarbeiter darauf anspricht, ruft sie lieber noch einen Großkunden an. Der hat immer Zeit für etwas Fachsimpeln, und außerdem könnte ja ein Auftrag herausspringen. Umsatz geht vor. Die Crux dabei ist folgende: Je öfter wir diese Vermeidungstaktik anwenden, umso höher ist die Chance, es beim nächsten Mal wieder gleich zu tun. Gutes Gefühl gegen schlechtes Gefühl. Und irgendwann, ja da hat sich das Thema erledigt und es rutscht von der „To-Do-Liste" auf die „Was-soll's-Liste". Spaß beiseite! Natürlich gibt es eine Reihe von Aufgaben, die sich von selbst erledigen oder an Priorität verlieren. Und Aufschieben gehört einfach zum Leben dazu. Kritisch wird es dann, wenn Arbeits- und Lebensqualität darunter leiden, der Erfolg gefährdet ist und Stress entsteht. Auch hier ist es sinnvoll, das Thema selbstkritisch und analytisch zu betrachten.

Stellen Sie sich folgende Frage:

Welche unguten Gefühle in Bezug auf manche Tätigkeiten/ Themen sorgen dafür, dass ich diese (immer wieder) aufschiebe?
Gründe für Prokrastination: In manchen Fällen sind es **Ängste.** Bei Kritikgesprächen besteht vielleicht die Befürchtung, dass der Mitarbeiter sauer reagiert und daraufhin weniger verkauft oder seine Motivation sinkt. Oder die Befürchtung, dass man mit seiner Idee bei den Kollegen nicht so ankommt wie erhofft. In solchen Situationen ist es erst einmal in Ordnung, sich so zu fühlen und dies anzuerkennen. Anschließend ist es hilfreich, seine eigenen Annahmen zu hinterfragen und die Situation einmal mit einem anderen, positiven Ausgang gedanklich durchzuspielen und sich der Sache dann zu stellen.

In anderen Fällen ist es **mangelnde Kompetenz oder Unsicherheit.** Man weiß, dass man diese Tätigkeit nicht richtig gut machen kann, weil die Erfahrung oder das nötige Know-how fehlen. Die Lösung dieser Situationen ist relativ einfach: Lernen, Wissen aneignen trainieren und dann *tun.*

Manchmal ist es tatsächlich eine **ungeliebte Aufgabe.** Dinge, die einem keinen Spaß machen oder in denen man keinen tieferen Sinn sieht. In diesen Fällen hilft tatsächlich die Parole: „Love it, leave it or change it."

Die Hauptursache für das (dann meist alternativlose) Aufschieben ist meiner Erfahrung nach das eigene **Selbstmanagement.** Warum ich das so selbstsicher behaupte? Weil es in meinen Fall so war. Auch ich war längere Zeit bekennender Prokrastinator. Bis ich erkannte, dass es nicht an meinem Willen lag, sondern an meiner Selbstorganisation. Das Aufschieben ist dann oft die einzige Möglichkeit, damit umzugehen.

Um dies zu vermeiden, können Sie Folgendes tun:

* Aufgaben realistisch planen. Auch wenn im Vertrieb vieles immer „asap" (as soon as possible) gehen soll und die Zeit tatsächlich manchmal sehr knapp ist, ist es absolut

sinnlos, Aufgaben auf den letzten Drücker zu erledigen oder auf Basis eines minimalen Zeitaufwandes zu kalkulieren. „Die Vergangenheit hat doch bisher gezeigt: Es wird *immer* etwas Unvorhergesehenes dazwischenkommen". Und das kostet *immer* Zeit. Auch wenn es utopisch klingt: Planen Sie eher konservativ und mit Zeitpuffer. Alle freuen sich, wenn die Aufgabe früher abgehakt ist, alle ärgern sich, wenn es länger dauert als geplant.

* Nehmen Sie keine Aufgaben an, wenn Sie schon vorher wissen, dass die Erledigung in der vorhandenen Zeit unmöglich ist. Erklären Sie, warum es nicht geht, und finden Sie Optionen. Und zwar bevor Sie die Aufgabe annehmen. In diesem Zusammenhang entfaltet die Fähigkeit zum „Nein-Sagen" ihre volle Wirksamkeit.

* „Kill your Darlings" oder „Reduce it to the max". Prüfen Sie das, was Sie tun dahingehend, wie hoch der Aufwand in Bezug auf die Wirkung und das Ergebnis ist. Lassen Sie alles sein, was auf unnötigen Perfektionismus, Selbstverliebtheit oder Füllmaterial hindeutet. Es kostet nicht nur Zeit, sondern verhindert auch in vielen Fällen die maximale Wirkung, die erzielt werden könnte. Und wenn 80 % Energie und Zeit auch genügen, dann ist das doch o.k.

* Hier schlägt die Stunde der „alten Tugenden". Achten Sie auf Pünktlichkeit, Zuverlässigkeit und Disziplin. Dabei helfen bestimmte Rituale, das Vermeiden von Ablenkung (die Tür muss auch mal zu sein) und die Belohnung, wenn ein Ziel erreicht wurde.

4.4 Bringen Sie den Müll raus – entrümpeln Sie die Organisation

Alle Vertriebsaktivitäten haben ein gemeinsames Ziel: Wertschöpfung zu erzeugen, indem Kunden „produziert" werden. Das klingt im ersten Moment etwas seltsam, es ist aber so. Warum aber habe ich diese Formulierung gewählt? Sie lenkt den Fokus genau dahin, wo er sein soll: auf den Kunden und das Tun. Manchmal hat man den Eindruck, als würde das in Vergessenheit geraten? Gerade gestern, als meine Kaffeemaschine streikte: „Der Kollege ist im Urlaub, rufen Sie in einer Woche wieder an. Aber nicht gleich Montag, das ist sein erster Tag". Das waren die Worte des Mitarbeiters, den ich erreicht habe. Ich habe in der Woche darauf nicht angerufen, weil ich drei Stunden nach diesem Telefonat bereits eine neue Maschine im Büro stehen hatte, die ich woanders gekauft habe.

Um was geht es im Vertrieb? Um den Kunden!! Um was? Um den KUNDEN!
Damit Vertrieb erfolgreich funktioniert, bedarf es einer Reihe von internen und externen Aktivitäten. Leider verfolgen noch zu viele dieser Aktivitäten das Ziel, die Bedürfnisse und Anforderungen einzelner Abteilungen oder Personen im eigenen Unternehmen zu erfüllen. Sie bedienen interne „Kunden", und der eigentliche Kunde (der das Geld bringt) erfährt dadurch schlimmstenfalls keinen erkennbaren Nutzen. Denn der Kunde denkt nicht wie das Unternehmen, hat andere Prioritäten und kann auf Dinge verzichten, die Unternehmen oft für unverzichtbar halten. Und deshalb müssen folgende Fragen immer und immer wieder im Vertrieb gestellt werden:

* Wie denkt unser Kunde?
* Tragen wir mit allem, was wir tun dazu bei, dass wir es unseren Kunden leicht machen, bei uns zu kaufen, und dass er dies auch gerne tut?
* Was braucht unser Kunde wirklich?
* Wie nimmt uns der Kunde wahr?
* Welchen Nutzen hat das, was wir gerade tun, für den Kunden?
* Ist das, was wir tun, nur Beschäftigung oder wertschöpfende Arbeit?

Viele Vertriebsprozesse sind nicht systematisch an den Bedürfnissen des Kunden ausgerichtet. Sie sind auf Effizienz ausgerichtet, was aber nicht zwangsläufig bedeutet, dass es der Kunde dadurch einfacher hat oder die Verkaufschancen steigen. Setzen Sie daher immer wieder die „Kundenbrille" auf und durchlaufen Sie als Kunde einmal ihren eigenen Vertriebsprozess. Sei es im Onlineshop, am Point of Sale, in Form einer Anfrage per Mail, im Vertriebsinnendienst oder Kundenservice. Stellen Sie alle Aktivitäten auf den Prüfstand und hinterfragen den Nutzen für den Kunden und dessen Erwartungshaltung. Dabei helfen Ihnen folgende Fragen:

* Was bringt es dem Kunden, wenn wir an dieser Stelle „X" tun?
* Entspricht dies der Erwartungshaltung des Kunden, welche er an dieser Stelle an uns hat?
* Wie (stark) trägt „X" zur Wertschöpfung bei?
* Wo werden Ressourcen jeglicher Art „verschwendet"?
* Warum tun wir das, was wir gerade tun?

Der Kundenwert gewinnt an Bedeutung für den Vertrieb

Selbst dann, wenn die Mitarbeiter viele Kundenbesuche machen, stellt sich die Frage: Sind sie bei den richtigen, potenten Kunden? Bei der Ermittlung des **Kundenwerts** (Customer Lifetime Value) wird nicht – wie bei den meisten anderen Analysemethoden – in den Rückspiegel, sondern nach vorne geblickt. Wie viel Potenzial ist vorhanden, und wer sind tatsächlich unsere „wertvollsten" Kunden und welche können es noch werden? Ein weiterer Unterschied liegt darin, dass der Wert des Kunden nicht überwiegend in Deckungsbeiträgen gemessen wird. Ebenso wichtig sind das Kundenwachstum, die Kundenloyalität oder die zukünftigen Anforderungen des Kunden.

Der Kundenwert ist dann zentrale Steuerungsgröße der Kundenbeziehung und beeinflusst den Einsatz verschiedenster Ressourcen in der Kundenbeziehung und der Kundenbearbeitung.

Als Führungskraft im Vertrieb vermeiden Sie dadurch Generaldebatten und Konflikte bezüglich der „richtigen" Aktivitäten und nutzen den Kundenwert, um die Richtung vorzugeben. Sie können dann:

* die Neukundengewinnung strategisch steuern,
* sämtliche, vertriebliche Aktivitäten auf den Kunden ausrichten,
* verschiedene Kundengruppen nach ihrer Bedeutung und ihrem Wertbeitrag einordnen,
* erfolgsabhängige Entgeltsysteme für Außendienstmitarbeiter definieren, die wesentlich attraktiver und besser nachvollziehbar sind,
* sich von nicht profitablen Kunden trennen.

Prüfen Sie regelmäßig, was Ihre Organisation wirklich noch benötigt

So wie man einen Keller oder einen Dachboden regelmäßig „entrümpelt", sollten Führungskräfte es auch mit der eigenen Organisation halten. Was braucht man tatsächlich noch? Womit wird tatsächlich noch gearbeitet? Was sind noch „Relikte" aus vergangenen Zeiten, an denen zwar noch das Herz hängt, die aber keinen unmittelbaren Sinn und Zweck mehr erfüllen und nur Zeit fressen?

Ein Zuviel an Verwaltungs- und Dokumentationsaufgaben lösen bei Vertriebsmitarbeitern nicht nur Unwohlsein aus und tragen zur Demotivation bei (reine Beschäftigung). Sie beanspruchen die Ressource, die im Vertrieb der wichtigste Faktor ist: die Vertriebszeit. Damit sind alle Tätigkeiten gemeint, die direkt dazu beitragen, dass neue Kunden gewonnen, Kundenbeziehungen ausgebaut und Vertriebsziele erreicht werden, also die wertschöpfenden Tätigkeiten.

Aus meiner Praxis kann ich berichten, dass es tatsächlich noch Mitarbeiter im Außendienst gibt, die mehr als 30–40 % vor dem Laptop verbringen, anstatt mit dem Kunden zu kommunizieren oder sich auf Gespräche vorzubereiten. Ist die Organisationsstruktur zu „fett", wird sie träge, die Mitarbeiter sind zwar beschäftigt, mehr aber auch nicht.

Orientieren Sie sich an den 10 Lean-Prinzipien (nach Glatz und Graf-Götz 2003)

1. Ausrichtung aller Tätigkeiten auf den Kunden (Kundenorientierung)
2. Konzentration auf die eigenen Stärken
3. Optimierung von Geschäftsprozessen
4. Ständige Verbesserung der Qualität (Kontinuierlicher Verbesserungsprozess, KVP)
5. Interne Kundenorientierung als Leitprinzip
6. Eigenverantwortung, Empowerment und Teamarbeit
7. Dezentrale, kundenorientierte Strukturen
8. Führen ist „Service am Mitarbeiter"
9. Offene Informations- und Feedbackprozesse
10. Einstellungs- und Kulturwandel im Unternehmen

Nehmen Sie sich diese Prinzipien zu Herzen und beginnen Sie konsequent mit der Umsetzung des ersten Prinzips. Richten Sie alle Tätigkeiten auf den Kunden aus. Machen Sie den Kunden tatsächlich zum Mittelpunkt, lernen Sie mit Ihren Mitarbeitern zu denken, wie der Kunde es tut. Interessieren Sie sich für die Entscheidungs- und Einkaufsprozesse des Kunden, anstatt die eigenen „zu Tode zu optimieren". Ein kundenfeindlicher Prozess bleibt ein kundenfeindlicher Prozess, selbst wenn er schon dreimal optimiert wurde. Die Umsetzung des ersten Prinzips ist Ausgangspunkt für alle weiteren. Um wirklich zu denken wie ein Kunde, braucht es Distanz. Distanz zu sich, dem eigenen Denken und dem eigenen Unternehmen. Seien Sie achtsam und erkennen Sie, wenn sich zu viel Zufriedenheit einstellt. Bei Ihnen und bei Ihren Mitarbeitern. „Satte Löwen jagen nicht", so lautet eine altbekannte Weisheit im Vertrieb. „Läuft doch", ist eine Denkweise, die schon oft dazu geführt hat, dass Warnsignale nicht erkannt wurden oder sich unbemerkt Stillstand eingestellt hat. Wenn man dann reagieren muss, entsteht Stress.

4.5   Förden und fordern Sie die Selbstständigkeit der Mitarbeiter

Die Zahl 66

· **66 Prozent**
der Mitarbeiter verstehen Entscheidungsfreiheit als wichtige Motivation.

· **83 Prozent**
wünschen sich mehr Kommunikation auf Augenhöhe.

Quelle: Initiative Neue Qualität der Arbeit

Wenn Menschen das Gefühl haben, von anderen „gemanagt" zu werden und weniger die Freiheit zu haben, selbst zu entscheiden, dann führt dies unweigerlich zu Demotivation und Frustration. Um es auf den Punkt zu bringen: Führungskräfte, welche die Selbstständigkeit der Mitarbeiter nicht zum Ziel erklärt haben, senden folgendes Signal in Richtung Mitarbeiter: „Ich vertraue dir, deinen Fähigkeiten und deiner Arbeit eben nicht. Und deswegen entscheide ich für dich". Die Mitarbeiter am Mitdenken zu hindern – oder dies nicht aktiv zu fördern – hängt mit dem eigenen Selbstbild zusammen.

Viele möchten keine Mitarbeiter, die Entscheidungen von Chefs infrage stellen oder durch bessere Lösungsvorschläge die Kompetenz von Vorgesetzten ankratzen könnten. Und so wurde schon bei der Einstellung neuer Mitarbeiter darauf geachtet, dass der neue Mitarbeiter nicht zu schlau, innovativ oder kreativ ist.

Aber stellen Sie sich einfach vor, Ihre Mitarbeiter würden

* von alleine tätig werden, ohne dass sie dafür einen Auftrag oder eine Anweisung erhalten haben,
* aktiv und mit Weitblick denken und handeln,
* hartnäckig und ausdauernd an eine Sache herangehen sind und sich von Rückschlägen und Widerständen nicht so leicht entmutigen lassen.

So soll und muss es sein.

Eigeninitiative entsteht durch Verantwortungsbewusstsein

Eigeninitiativ und selbstständig agieren zu können setzt einen klaren Rahmen voraus, einen Rahmen, der das „Spielfeld" der Freiheit absteckt. Mitarbeiter müssen wissen, welchen Einfluss ihr Verhalten auf die Ergebnisse im Vertrieb hat und welche Auswirkungen dies mit sich bringt. Ein Beispiel dafür ist der Umgang mit Rabatten. Grundsätzlich dürfen die meisten Verkäufer darüber entscheiden, ob und welche Rabatte sie einem Kunden in einem Angebot oder einer Verhandlungssituation gewähren können. Aber nicht allen Mitarbeitern ist immer klar, welche Auswirkungen diese auf Margen, Deckungsbeiträge oder die Kundenentwicklung haben. Um hier selbstständig – und gut – entscheiden zu können, müssen sie die Stellschrauben kennen und wissen, was passiert, wenn sie eine bestimmte Entscheidung treffen. Und sie müssen lernen, mit den Konsequenzen der eigenen Entscheidungen klarzukommen. Ihr Ziel sollte es sein, die Eigeninitiative der Mitarbeiter weiter zu fördern. Auch hier sind die Rahmenbedingungen der wichtigste Hebel.

* Wo und wann können Mitarbeiter wirklich eigenverantwortlich entscheiden?
* Wo werden sie durch die Organisation (Hierarchie, Prozesse) ausgebremst?
* Wo haben Mitarbeiter das eigenverantwortliche Handeln aufgrund von Demotivation schon durch „Dienst nach Vorschrift" ersetzt?
* Kann es vorkommen, dass Mitarbeiter die Enttäuschung über mangelnde Handlungsfreiheit auch nach außen kommunizieren, zum Beispiel beim Kunden?
* Wie viele Aufträge haben Sie dadurch schon verloren?

Geben Sie den Mitarbeitern so viele „Macherkompetenzen" wie möglich. Gepaart mit einer offenen Kultur, die auch Fehler zulässt, ist die ein großer Schritt für alle Beteiligten.

Aufgrund dieser Klarheit kann jeder Mitarbeiter dann entscheiden, welche Vorteile die Eigeninitiative für ihn und seine Ergebnisse hat. Ein selbstständiges Handeln setzt einen sich selbst verstärkenden Kreislauf in Gang. Denn:

1. Durch die Eigeninitiative verschafft sich der Mitarbeiter eigene Handlungsspielräume.
2. Diese eigenen Spielräume erzeugen Engagement.
3. Daraus resultieren Erfolge.
4. Diese Erfolge führen zu mehr Selbstbewusstsein, welches dann neues Engagement fördert.

Als Führungskraft können Sie diesen Prozess gezielt unterstützen. Dies können Sie auf drei Ebenen tun.

Auf der **persönlichen Ebene** fördern Sie die Eigenmotivation der Mitarbeiter, unterstützen sie dabei, Vorbehalte und Ängste abzubauen und arbeiten gemeinsam an der Risikobereitschaft und der Handlungskompetenz des Mitarbeiters.

Auf der **Kompetenzebene** unterstützen Sie den Mitarbeiter durch geeignete Weiterbildungs- und Coachingmaßnahmen dabei, das notwendige Know-how und entsprechende Fertigkeiten aufzubauen. Die Sicherheit, dass „man es kann", wirkt sich ebenfalls positiv darauf aus, Verantwortung zu übernehmen und Eigeninitiative aufzubauen.

Auf der Ebene der **Arbeitsorganisation** schaffen Sie ein Umfeld, welches ausreichend Freiheiten bietet, um diese Eigeninitiative auch in die Tat umzusetzen. Freiheit braucht einen Rahmen, damit der Mitarbeiter weiß, wo er sich bewegen kann.

Machen Sie es wie die Ameisen

Ein Vertrieb, der auf selbstständig agierende Mitarbeiter bauen kann, sieht auf den ersten Blick vielleicht etwas

„chaotisch" aus, etwa wie ein Ameisenhaufen. Auf den ersten Blick fehlt die Ordnung, der steuernde Kopf. Und doch funktioniert dieses System perfekt, denn jede einzelne Ameise arbeitet selbstverantwortlich, und alle gemeinsam arbeiten an einem großen Ziel. Das geht auch im Vertrieb. Zudem steigt die Anzahl der Mitarbeiter – besonders der erfolgreichen –, denen der Grad der Selbstbestimmung und des selbstverantwortlichen Handelns wichtiger ist als Bezahlung oder Statussymbole. Das ist meiner Meinung nach auch gut so. Und es gibt immer mehr Menschen, welche die Regeln brechen und selbstverantwortlich Dinge tun, die sie nicht tun dürften, nur um dem Kunden schnell zu helfen.

Vor zwei Jahren coachte ich den Vertriebsleiter eines Cateringunternehmens, der mir von einem „Vorfall" berichtete. Der Vertriebsmitarbeiter erhielt Freitagmittag den Anruf eines Kunden. Dieser vermisste die Lieferung für eine Veranstaltung. Nach Rücksprache mit der Spedition stellte sich heraus, dass ein Fahrzeug defekt war und sich die Lieferung um zwei bis drei Stunden verzögern wird. Zu lange für den Kunden. Der Vertriebsmitarbeiter konnte dies nicht beschleunigen. Er fuhr zurück in die Firma und verlud dieselbe Ware noch einmal in einen firmeneigenen Lieferwagen. Danach fuhr er 60 km zu seinem Kunden und händigte ihm die Ware aus. Den Auftrag der Spedition stornierte er eigenmächtig. Mit dieser Aktion hat der Vertriebsmitarbeiter „auf eigene Faust" gehandelt und gegen viele Unternehmensregeln verstoßen. Hätte er den normalen Dienstweg genommen, er hätte dem Kunden nicht helfen können. „Was soll ich tun?", fragte mich der Vertriebsleiter. Ich sagte: „Verleihen Sie ihm einen Orden".

4.6 Schaffen Sie eine motivierende Vertriebskultur

Auf Basis welcher Werte und Maßstäbe Mitarbeiter eines Unternehmens handeln, zeigt sich zum Beispiel immer dann, wenn:

* ein Neukunde auch nach dem Kauf mit der gleichen Wertschätzung und Aufmerksamkeit behandelt wird wie in der Phase der Neukundengewinnung,
* man als Kunde das Gefühl hat, nach den eignen Bedürfnissen beraten worden zu sein und nicht die Interessen des Verkäufers im Vordergrund standen,
* bei auftretenden Problemen dem Kunden unbürokratisch und auf dem „kleinen Dienstweg" geholfen wird.

Aber auch intern kann man leicht feststellen, welche Kultur im Umgang miteinander und der Zusammenarbeit zwischen Führungskräften und Mitarbeitern vorherrscht, zum Beispiel, wenn

* Mitarbeiter nicht über ihren eigenen Wirkungsbereich hinausdenken und Kollegen als Folge dessen Informationen nicht zur Verfügung stellen,
* Mitarbeiter immer wieder Routinearbeiten vorschieben, anstatt Kundenbesuche durchzuführen,
* Mitarbeiter ihre Handlungsspielräume ausnutzen und auch einmal ein Risiko eingehen oder sogar „Regelbrüche" riskieren, um den Kunden zufrieden zu stellen.

Die Vertriebskultur macht den Unterschied. Und zwar nicht nur, weil sie sich auf die Motivation und die Emotionen der Mitarbeiter auswirkt, sondern weil sie auch konkrete und messbare Auswirkungen auf den Vertriebserfolg hat. Eine Vertriebskultur, die eher auf Absicherung, Risiko-minimierung und interne Machtkämpfen ausgerichtet ist, erzielt andere Ergebnisse als ein Vertrieb, der mutig, kreativ und auf Kooperation ausgerichtet ist. Viele Bewerber achten heute besonders auf die Unternehmenskultur ihrer potenziellen Arbeitgeber. Die Arbeitgebermarke, das Image des Unternehmens spielt meist die entscheidende Rolle, wenn die Angebote vergleichbar sind.

Die Kultur ist der Nährboden für das Verhalten jedes Einzelnen

„Umsatzmäßig läuft's ganz gut – aber die Stimmung ist nicht so dolle". Solche Aussagen höre ich öfter.

Es gibt immer eine bestimmte Kultur, ob wir es wollen oder nicht. Und diese ist immer geprägt von Normen, Werten und Haltungen. Und wenn sich Produkte, Marken, Preise und Technologien immer mehr ähneln, dann wird die Unternehmenskultur zum entscheidenden Faktor, bestenfalls zum Wettbewerbsvorteil. Der Aufbau einer positiven, motivierenden und erfolgreichen Unternehmenskultur muss dieselbe Priorität haben wie strategische und strukturelle Themen. Machen Sie dieses Thema zur Chefsache und reservieren Sie sich Zeit dafür, damit dieses Thema nicht untergeht. Peter Drucker, der bekannte Managementvordenker, soll einmal gesagt haben: „Culture eats strategy for breakfast".

Checkliste

- Kultur kann man nicht verordnen oder anweisen. Sie ist das Ergebnis eines Prozesses im *Dialog* aller Beteiligten.
- Finden Sie heraus, was die Mitarbeiter antreibt, die Extrameile zu gehen, was ihre Augen zum Leuchten bringt. Hören Sie gut zu und bewerten Sie erst einmal nicht.

- Stimmen die Werte der Teammitglieder überein? Passen diese zu den Werten des Unternehmens?
- Zeichnen Sie ein Leitbild, welches die Grundlage bildet und verbindlich angenommen wird.
- Vertriebler sind oft unterwegs und „Einzelkämpfer". Schaffen Sie eine Kultur, die Anreize bietet und eine gute „Homebase" darstellt. Ein Platz, zu dem man gerne immer wieder zurückkehrt, den Austausch sucht und gestärkt wieder verlässt.
- Suchen Sie nicht nur nach Schwächen, sondern vor allem nach den Stärken, die bereits vorhanden sind. Wenn Sie etwas verändern wollen, dann beschränken Sie sich auf ein oder zwei Punkte. Wenn zu viel auf einmal verändert werden soll, verändert sich meist nichts.

Die Faktoren mit dem meisten Einfluss auf die Kultur bestehen oft aus offensichtlichen Kleinigkeiten oder Nebensächlichkeiten. Kleinigkeiten mit großer Wirkung. Dazu gehören alltägliche Rituale (wie werden Erfolge gefeiert?), die Umgangssprache, mit der kommuniziert wird, die kleinen Pointen und Geschichten, die immer wieder hervorkommen, Symbole, Parolen, Botschaften.

Ethik als Teil der Unternehmenskultur und der Vertriebsausrichtung

Kann Vertrieb wirklich ethisch sein – funktioniert das? Bei intensiverer Betrachtung lautet die Antwort: *Ja* – und zwar ohne Wenn und Aber. Vertrieb kann nicht nur ethisch sein, er muss es sogar. Hans Lutz Merkle, ehemaliger Manager von Bosch hat gesagt: „Es gibt aber Dinge, die tut man einfach nicht". Und das gilt auch für den Vertrieb.

Und genau hier liegt die Herausforderung: die unternehmerischen Ziele im Vertrieb zu erreichen, möglichst profitable Geschäftsbeziehungen aufzubauen und gleichzeitig ethische Maßstäbe zu verfolgen. Ein Vertrieb, der sich an ethischen Grundregeln orientiert, ist per se genauso erfolgreich wie andere Vertriebsformen. Im Gegenteil: Ich bin der festen Überzeugung, dass sich Kunden länger an ein Unternehmen binden und höhere Umsätze generieren, wenn sie das Gefühl haben, dass ein Unternehmen nach ethischen Maßstäben handelt, wahrheitsgemäß und fair berät und verkauft. Und dass der Kunde dies durch sein Kaufverhalten und vor allem durch seine Loyalität und sein Empfehlungsverhalten honoriert. Gewinnmaximierung, Wachstum und Vertriebserfolg nicht trotz, sondern wegen der Ausrichtung auf ethische Grundsätze.

Verkäufer, die in einem motivierenden, von Offenheit und Wertschätzung geprägten Umfeld agieren, stellen sich folgende Fragen:

* Handele ich grundsätzlich und konsequent im Interesse meines Kunden?
* Denke und handele ich so, dass ich morgens selbstbewusst in den Spiegel schauen kann?
* Berate ich meinen Kunden offen, ehrlich und unabhängig davon, ob er am Ende auch bei mir kauft?
* Überprüfe ich mein Handeln regelmäßig dahingehend, ob ich noch so verkaufe, wie ich es mir vorgenommen habe?
* Tue ich alles dafür, um mich persönlich und fachlich so weiterzuentwickeln, dass ich meinem Kunden der beste Berater/Verkäufer sein kann?

Abschließend ein Beispiel, wie Sie es nicht machen sollten. Im Rahmen eines Vertriebsprojektes erhielten die Teilnehmer des Projektteams die Nachricht, dass aufgrund von Sparmaßnahmen nun doch nicht die benötigten neuen Tablets für die Außendienstmitarbeiter genehmigt werden können. Eine Woche später wurden für den Eingangsbereich des

Unternehmens sehr teure Designerstühle eines regionalen Künstlers angeschafft, auf denen bis jetzt kaum ein Mensch gesessen hat.

4.7 Machen Sie aus Meetings wahre Produktiv-veran staltungen

Meetings sind ein fester (und wichtiger) Bestandteil erfolgreicher Zusammenarbeit im Vertrieb. Es geht um den Austausch von Informationen und Erfahrungen, das gemeinsame Entwickeln von Ideen und um das Lösen von Problemen. Umso erschreckender, wie Mitarbeiter reagieren, wenn es um das Thema „Meeting" geht, und welche Phänomene immer wieder auftreten.

* Angeblich nicken 40 % aller Teilnehme in Meetings öfter einmal ein.
* 25–50 % der Meeting-Zeit wird als „verschwendete Zeit" angesehen.
* Viele wissen nicht, warum das Meeting stattfindet, warum sie überhaupt eingeladen werden und welches Ziel die Zusammenkunft hat.
* Viele wissen nach dem Meeting nicht, was jetzt genau zu tun ist.

Im Vertrieb finden im Durchschnitt mindestens zwei bis drei Meetings pro Woche statt, an denen eine Führungskraft und mindestens noch zwei weitere Personen teilnehmen. Überschlagen Sie bitte einmal kurz, wie viel Zeit Sie pro Woche/Monat/Jahr im Meeting verbringen. Wenn Sie wissen wollen, was ein Meeting (abgesehen von der Zeit) tatsächlich kostet, dann multiplizieren Sie die errechneten

Stunden einmal mit dem Stundensatz der anwesenden Teilnehmer. Spätestens jetzt wird klar, wie wichtig es ist, Meetings so produktiv wie möglich zu machen. Der Hebel: Die vorhandene Zeit so sinnvoll wie möglich zu nutzen.

Störfaktor Unpünktlichkeit: Meist beginnen Meetings mit einer Verzögerung von 5 Minuten und dauern auch ein paar Minuten länger als geplant.

Störfaktor inkonsequenter Ablauf: Meetings werden oft auch genutzt, um Dinge zu besprechen, die nichts mit der Agenda zu tun haben, dazu kommen dann noch immer wieder Grundsatzdiskussionen zu ungeklärten und offen Themen. Wo man schon mal zusammen sitzt …

Störfaktor Informationsmanagement: Es fehlen wichtige Informationen, die nötig wären, um Entscheidungen zu den geplanten Themen zu treffen. Diese Entscheidungen werden dann auf später oder das nächste Meeting vertagt. Dadurch verschlingen diese Themen immer wieder neue Ressourcen.

Diese „Ressourcenverschwendung" sorgt dafür, dass eine Menge Produktivzeit verschwendet wird. Auch diese Zeit summiert sich im Laufe eines Monats, Quartals oder Geschäftsjahres.

Transparenz und klare Prinzipien steigern die Produktivität

Schaffen Sie die notwendigen Rahmenbedingungen und vereinbaren Sie klare Prinzipien, was die Planung, Durchführung und Nachbearbeitung von Meetings angeht. Hier einige Anregungen:

* Legen Sie klare Ziele für jedes Meeting fest und kommunizieren diese schon vorab.
* Stellen Sie eine Agenda nach Prioritäten auf, die wichtigsten und zentralen Punkte/Themen zuerst, die unwichtigsten zum Schluss.

* Da erfahrungsgemäß am Ende immer zu wenig Zeit übrig ist, verzichten Sie von Anfang an auf einen weniger wichtigen Punkt. So vermeiden Sie auch das auftretende Gefühl, es mal wieder nicht geschafft zu haben.

* Weisen Sie jedem Thema ein Zeitfenster zu, welches strikt eingehalten wird. Stellen Sie – gut sichtbar für alle Teilnehmer – eine Uhr auf, um die Zeit im Blick zu behalten. Sie können auch zusätzlich einen „Zeitverantwortlichen" benennen, der die Uhr im Blick behält.

* Anfangszeiten sind Anfangszeiten, Endzeiten sind Endzeiten. Beginnen und beenden Sie das Meeting wie geplant. Teilnehmer, die pünktlich sind, ärgern sich sonst immer wieder über „Nachzügler", wegen derer sich alles verzögert. Seinen Sie konsequent.

* Laden Sie nur Personen ein, deren Anwesenheit wirklich wichtig ist. Personen, die teilnehmen, nur weil das Thema „vielleicht interessant sein könnte", „langweilen sich oder stören den Ablauf oder die ganze Gruppe". Wenn Teilnehmer nicht im Thema sind, muss immer wieder Zeit für zusätzliche Informationen oder Erklärungen aufgewendet werden, was wiederum die übrigen Teilnehmer stört.

* Laptops und Smartphones dürfen nur dazu genutzt werden, um Informationen zur Verfügung zu stellen oder Termine zu vereinbaren. Das Abrufen von E-Mails (und die damit oft verbundenen Reaktionen darauf) ist im Meeting nicht gestattet.

* Halten Sie Meetings eher kurz. Die Aufmerksamkeitsspanne ist heute generell eher geringer, die Informationsdichte eher hoch. Der Austausch in größeren Runden verlangt eine hohe Aufmerksamkeit. Führen Sie also liebe mehrere kurze Meetings (15–20) Minuten durch. Das ermöglicht die Konzentration und der Fokus auf das Wesentliche und es kann weniger Langeweile aufkommen.

* Sie müssen nicht immer den großen Besprechungsraum mit dem kompletten Catering reservieren. Viele Meetings laden zu sehr zum Zurücklehnen und Abschalten ein. Führen Sie Meetings öfter einmal im Stehen durch, und für 15 Minuten braucht es keine Pausen und üppige Verpflegung. Manche Meetings erinnern immer noch zu sehr an „Kaffeefahrten".
* Verteilen Sie die Verantwortung. Lassen Sie Mitarbeiter Teile des Meetings eigenverantwortlich vorbereiten und durchführen. Das bedeutet nicht nur weniger Arbeit für Sie, sondern Sie erleben Ihre Mitarbeiter auch einmal aus einer anderen Position. So lernen Sie auch, die Stärken und Schwächen der Mitarbeiter in „Livesituationen" besser einzuordnen.

Allein durch diese Punkte erhöhen Sie die Effektivität Ihrer Meetings. Aber ein wichtiger Faktor fehlt noch:

> Meetings haben nur eine Wirkung, wenn sie die Menschen berühren, Emotionen erzeugen und damit Energie freisetzen.

Ein Meeting hat nicht nur den Zweck zu informieren, Entscheidungen zu treffen oder Themen gemeinsam im Diskurs zu erarbeiten: Es soll die Mitarbeiter auch emotional ansprechen, Umsetzungsenergie erzeugen, Ängste und Vorbehalte abbauen. Es soll Resultate erzeugen, Ergebnisse hervorbringen, Pläne umsetzen. Um das zu tun, müssen positive Emotionen erzeugt werden. Berücksichtigen Sie dies und

* achten Sie darauf, wie Sie selbst in Meetings auftreten. Wie „verkaufen" Sie Informationen, Entscheidungen, Veränderungen emotional positiv?
* laden Sie Sachinformationen, Statistiken, Charts emotional auf, so dass sie die Mitarbeiter auch auf dieser Ebene ansprechen.

* vermitteln Sie individuellen Nutzen! Jeder Teilnehmer stellt sich die Frage: „Was bedeutet das für mich, was habe ich davon?" Wer seinen persönlichen Nutzen erkennt, wird eher Umsetzungsenergie entwickeln.

Interne Meetings haben viel mit Verkaufspräsentationen und Verkaufsgesprächen gemeinsam. Sie müssen den Kunden „abholen", ihn zum Nachdenken anregen und dabei unterstützen, dass er die notwendigen Entscheidungen trifft und aktiv wird. Sehen Sie Ihre Mitarbeiter als ihre „Kunden", denen Sie immer wieder etwas (neu) verkaufen oder besser gesagt, diese immer wieder davon überzeugen müssen, Ihnen etwas abzukaufen.

Durch Praxis-Performance-Meetings voneinander lernen
Führen Sie zu Beginn der Woche und in der Wochenmitte kurze Meetings durch, in denen es nur um die aktuelle Performance geht. Im ersten Teil sind die Hauptakteure dieser Meetings die zu diesem Zeitpunkt besten/erfolgreichsten Mitarbeiter. Diese berichten kurz und knackig, was besonders gut funktioniert und ihrer Ansicht nach zum Erfolg geführt hat. Im zweiten Teil werfen Sie gemeinsam einen Blick auf die aktuelle Zielerreichung. Diese Meetings sind verpflichtend für alle.

4.8 Fördern Sie die Eigenmotivation, statt auf Motivierungsinstrumente zu setzen

Schon 1991 mahnte Reinhard K. Sprenger in seinem Buch „Mythos Motivation", dass die meisten Führungskräfte glauben, sie müssten Motivierungsinstrumente einsetzen, um Leistungsbereitschaft und Leistungswillen zu erhöhen. Ausgehend von der Annahme, dass aus Menschen immer noch mehr „herauszuholen" ist, als es der momentane Zustand vermuten lässt.

Sprenger nennt dies „methodisiertes Misstrauen". Auch heute bin ich der festen Überzeugung, dass Vertrauen der wichtigste Baustein in der Beziehung zwischen Mitarbeiter und Führungskraft ist. Und dass dieses dazu führt, dass Menschen tatsächlich eine Eigenmotivation entwickeln, die sie dazu befähigt, ihre Leistungsbereitschaft und Leistungsfähigkeit zielführend einzusetzen. Was können Sie dafür tun?

Finden Sie heraus, was Ihre Mitarbeiter de-motiviert und prüfen Sie, was Sie dagegen tun können. Und zwar bei jedem einzelnen Mitarbeiter. Dies wird sich definitiv auf die Eigenmotivation auswirken. Wo liegt der Stressfaktor, wenn Sie es nicht tun? Sie müssen immer wieder motivieren, motivieren und wieder motivieren. Führungskräfte sind nicht dazu da, um ihre Mitarbeiter zu motivieren. Und damit meine ich die Grundmotivation. Führungskräfte haben die Aufgabe eine Umgebung für den Mitarbeiter zu schaffen, welche die Eigenmotivation fördert. Selbstverständlich benötigen Mitarbeiter immer wieder mal eine „Motivationsspritze" durch Feedback, Lob, monetäre Anreize oder Incentivierungen. Wenn Sie aber das Gefühl haben, dass Sie zu viel Zeit und Energie mit einem oder mehreren Mitarbeitern damit verbringen, die Grundmotivation aufrechtzuerhalten, dann entsteht Handlungsbedarf.

Wir alle haben Motive, die allerdings bei jedem von uns unterschiedlich ausgeprägt sind. Hohe Leistungsfähigkeit und Spaß an der Arbeit entstehen immer dann, wenn die eigenen, starken Motive ausgelebt werden können. Stress und Energieverlust entstehen immer dann, wenn diese unterdrückt werden müssen. Welche starken Motive haben Ihre Mitarbeiter? Was sind Ihre persönlichen Motivatoren?

Sie können dies im persönlichen Gespräch oder gemeinsam in der Gruppe herausfinden. Wenn Sie es aber genau wissen wollen, dann nehmen Sie einfach ein auf wissenschaftlichen Erkenntnissen basierendes Verfahren dazu. Ich setze in der Arbeit mit Führungskräften und Vertriebsteams die „Motivations-Potenzial-Analyse" (MPA) ein und mache Ihnen als Leser dieses Buches ein Angebot: Unter https://markus-euler.de/mpa können Sie und Ihre Mitarbeiter Ihre individuellen Motive ermitteln. Sie erhalten von uns via E-Mail die kostenlose Kompaktauswertung Ihrer Motivationspotenziale mit 8 von 26 Motiven zugesandt. Klicken Sie auf der Seite einfach auf „MPA Testen".

Es gibt keine allgemeingültige Motivationsregel für Vertriebsmitarbeiter. Ich stelle sogar die Behauptung in Frage, dass jeder Mitarbeiter im Vertrieb provisionsgesteuert ist und mit jedem Euro mehr in der Tasche auch die Motivation steigt. Eigenmotivation hat also immer etwas mit der Persönlichkeit des Mitarbeiters und dessen Motiven zu tun. Der Zeitaufwand, dies herauszufinden, lohnt sich. Mit ein paar kleinen Veränderungen in der Verteilung von Aufgaben, der Arbeitsumgebung oder der Abläufe können immense Energien freigesetzt werden. Der Mitarbeiter dankt Ihnen dies durch höhere Eigenmotivation, mehr Energie und Einsatzbereitschaft. Motivation von außen birgt immer ein hohes Risiko. Das Risiko, dass eben nicht die richtigen „Knöpfe" beim Mitarbeiter gedrückt werden. Wird ein Motiv, welches beim Mitarbeiter nicht stark ausgeprägt ist, angesprochen, führt dies meist zu keiner Veränderung im Verhalten. Wieso auch?

Erfolgreiche Vertriebsmitarbeiter verkaufen über ihre Stärken, trotz der Schwächen
Stellen Sie sich bitte einmal einen Ihrer Mitarbeiter vor. Schreiben Sie nun jeweils einige Stärken und Schwächen auf, die Ihnen zu diesem Mitarbeiter einfallen. In vielen

Fällen haben Führungskräfte dabei Probleme, insbesondere wenn es um die Stärken geht. Schwächen sind präsenter und fallen eher auf. Um Mitarbeiter erfolgreicher zu machen wird oft versucht, die Schwächen durch Weiterbildungsmaßnahmen abzubauen. Ein Unterfangen mit ungewissem Ausgang, denn niemand kann vor solch einer Maßnahme wirklich garantieren, dass diese Schwäche danach nicht mehr vorhanden ist. Oft sieht das Ergebnis so aus: Der Mitarbeiter ist nach einer solchen Maßnahme „ein bisschen weniger schlecht".

Legen Sie den Fokus nicht nur auf die Beseitigung von Schwächen, sondern hauptsächlich auf die Stärken des Mitarbeiters. In erster Linie wirkt sich der Ausbau von Stärken ebenfalls auf die Motivation und die positive Energie des Mitarbeiters aus. Und Verhaltensweisen, die ohnehin schon vorhanden sind, lassen sich einfacher weiterentwickeln als Verhaltensweisen, die noch gar nicht vorhanden sind. Üben Sie sich darin, auch die Schwächen der Mitarbeiter zu akzeptieren. Es lässt sich nicht alles weg- und abtrainieren, und ein Mitarbeiter, dessen Ordnungs- oder Strukturmotiv nicht besonders stark ausgeprägt ist, der wird wohl nie starre Prozesse und penible Dokumentationsaufgaben zu seinen Lieblingsthemen machen. Natürlich gilt dies nicht für alle Schwächen, und Vertrieb ist auch kein Wunschkonzert.

Erfolgreiche Vertriebsmitarbeiter sind nicht auf Standard getrimmt oder in ein starres Schema zu pressen. Sie sind Persönlichkeiten, deren vermeintliche Schwächen wahrscheinlich sogar einen entscheidenden Beitrag zu deren Erfolg leisten. Weil es sie authentisch erscheinen lässt. Die Eigenmotivation wird gestärkt, wenn ein Mensch die Möglichkeit hat, so zu sein, wie er ist, und damit auch seine persönliche Wirkung nach außen verstärken kann.

4.9 Stellen Sie Kooperationsfähigkeit über die Fachkompetenz

Je kooperationsfähiger, desto erfolgreicher. Die Einzelkämpfer im Vertrieb werden nicht mehr so erfolgreich sein, wie es einmal war. Und was früher eine Stärke für viele darstellte, führt nun nicht mehr zu den gewünschten Ergebnissen. Vertrieb ist eine Gemeinschaftsleistung, keiner kann mehr alleine gewinnen.

Wo früher ein Vertriebsmitarbeiter beim Kunden aufschlug, rücken heute teilweise drei und mehr Experten an. Die Komplexität von Produkten oder Dienstleistungen erfordert eine Menge an Know-how und Wissen. Das ist von einer Person kaum mehr alleine zu schultern. Agile Teams übernehmen heute schon die Verantwortung für einen Kunden und entwickeln Lösungsansätze auf Basis des eigenen Portfolios und den Anforderungen des Kunden. Der Vertriebsmitarbeiter ist Teil dieses Teams und muss über den Willen zur Kooperation und die Fähigkeit zur Zusammenarbeit mitbringen. Bis heute war es ausreichend „miteinander" zu arbeiten. Zukünftig wird daraus ein „füreinander". Basis dieser Zusammenarbeit ist nicht nur eine hohe Kommunikationsfähigkeit im Rahmen der gemeinsamen Arbeit, sondern auch der Umgang mit relevanten Informationen. In diesem Zusammenhang gab es in der Vergangenheit zwei Grundprobleme, die sich schon immer kritisch auf den Vertriebserfolg ausgewirkt haben.

1. Dem Vertriebsmitarbeiter standen diese Informationen nicht zur Verfügung.
2. Manche Vertriebsmitarbeiter behandelten diese Informationen wie den „heiligen Gral" und teilten sie nicht oder sehr ungern mit anderen.

Beides gefährdet den Vertriebserfolg und kann bis zum Verlust von Kunden führen. Wer wirklich kooperiert, muss vertrauen und sich auf den anderen verlassen können. Eigensinnigkeit und „Geheimniskrämerei" behindern die Kooperation im Team und damit den Erfolg aller Beteiligten. Für Sie als Führungskraft spielt dies eine entscheidende Rolle. Worauf legen Sie Wert bei der Auswahl geeigneter Mitarbeiter und deren Ausbildung, bzw. Weiterentwicklung? Welche Kompetenzen benötigen Ihre Mitarbeiter wirklich? Und welche Rolle spielt das Fachwissen, welches in den letzten Jahrzehnten als wichtigstes Gut von Vertriebsmitarbeitern und Verkäufern angesehen wurde? Diese Fragen gilt es zu beantworten. Machen Sie es zur Chefsache, die Mitarbeiter mit den wichtigsten Kompetenzen auszurüsten. Also die Fähigkeiten und Fertigkeiten, vor allem neue und bisher nicht bekannte Probleme lösen zu wollen und zu können. Vor allem die Probleme der „VUKA-Welt", für die es keine „Instant- oder Quick-Fix-Lösungen" gibt und auch nicht geben wird.

Und da die Aufgabe des Vertriebs hauptsächlich darin besteht, Lösungen für die Probleme des Kunden zu finden, sind die vorhandenen Kompetenzen jedes einzelnen Mitarbeiters entscheidend. Die Kooperationsfähigkeit (die Fähigkeit mit anderen erfolgreich zu handeln) gehört mit zu den wichtigsten. Der Neurobiologe Prof. Gerald Hüther (2013) bringt es (provokativ) treffend auf den Punkt:

„Fachidioten und Leistungssportler kann man durch Wettbewerb erzeugen, aber nicht umfassend gebildete, vielseitig kompetente und umsichtige, vorausschauend denkende und verantwortlich handelnde, in sich ruhende und starke, beziehungsfähige Persönlichkeiten."

Wissen und Erfahrungen offen teilen – die Königsdisziplin

Bauen Sie den Willen zur Kooperationsfähigkeit Ihrer Mitarbeiter aus und machen Sie den immensen Nutzen für alle Beteiligten deutlich. Wer eigenes Wissen und mit anderen teilt, kann vom Wissen anderer profitieren und gleichzeitig seine eigenen Defizite erkennen. Ein großer Schritt zum „Best Case" im Vertrieb, von dem alle träumen. Zu viele Vertriebler haben heute noch Angst, ihr Wissen zu teilen. Stehen dabei selbst oft vor Problemen, deren Lösung der Kollege im Nachbarbüro schon lange kennt. Sie verbringen Zeit mit dem Erstellen eines Whitepapers für den Kunden. Dabei liegt genau so ein Dokument auf dem Laufwerk des anderen Kollegen. Prüfen Sie genau, was den Austausch von wertvollem Wissen bremst, und ändern sie es. Dann haben Sie eine Kultur von echter Kooperation. Die erfolgreichsten Führungskräfte haben eines gemeinsam: Sie haben den menschlichen Trieb nach Austausch, Kommunikation, Kooperation und Gemeinschaft wiedererweckt und fördern diesen konsequent.

4.10 Sehen Sie Veränderung als Teil der Entwicklung

Veränderung und Vertrieb – das ist untrennbar miteinander verknüpft. Der Vertrieb bekommt interne Veränderungen fast immer direkt zu spüren. Dazu gehören:

* die strategische Ausrichtung (Kerngeschäft, Zielgruppe, Außendarstellung, Visionen, Unternehmensziele)
* Produktneuerungen, Innovationen
* Preisgestaltung
* die Einführung einer neuen IT oder Software

* personelle Veränderungen im Unternehmen

Dazu kommen externe Veränderungen zum Beispiel in der Branche oder gesetzliche Regelungen. Und nicht zu vergessen die Veränderungen auf Kundenseite, die ebenso Einfluss auf das Tagesgeschäft jedes Einzelnen wie auch das gesamte Unternehmen haben. Manchmal hat man das Gefühl, einen komplett „neuen" Kunden vor sich zu haben, obwohl der letzte Besuch vor Ort erst ein paar Monate her ist. Auf viele Dinge kann man sich heute nicht mehr verlassen, auf Veränderungen schon. Den Umgang damit müssen wir lernen.

Ausgehend von der Annahme, dass die meisten dieser Veränderungen nicht willkürlich, sondern sinnvoll und notwendig sind, ist Veränderung aber auch immer mit Unsicherheit und Widerständen verbunden. Das liegt in der Natur der Sache. Auch der Drang nach Veränderung oder eben nach Beständigkeit sind bei jedem von uns anders ausgeprägt. So lässt sich leicht erklären, warum manche Menschen diesem Thema mehr oder weniger positiv gegenüberstehen. Allzu oft werden Menschen schnell als veränderungsresistent eingeordnet, was ich nicht für wertschätzend halte und was oft nur aus einer oberflächlichen Betrachtung heraus entsteht.

1. Veränderung findet (immer) statt.
2. Es ergibt keinen Sinn, sich dagegen zu wehren.
3. Wir müssen lernen, damit umzugehen.

Der Mensch lässt sich stark – und das ist ein positiver Aspekt – von Gefühlen beeinflussen und leiten. Aufgabe von Führung ist es, die negativen Gefühle wie Unsicherheit und Widerstand wahrzunehmen, sie erst einmal wertneutral zu betrachten und mit den Mitarbeitern in einen Dialog zu treten. Viele sehen in der Digitalisierung eben vorrangig die Bedrohung und nicht die Chance. Eine gute Chefin oder ein guter Chef reduziert diese Unsicherheit: Sie klären, was an Veränderungen auf die Angestellten zukommt und wer überhaupt davon betroffen sein wird.

Veränderung, besser gesagt, den Umgang damit, können wir tatsächlich lernen.

* Wie sehen wir Veränderung grundsätzlich – positiv oder negativ?
* Wie gehen wir grundsätzlich mit Ängsten und Bedenken um?
* Wie können wir in Veränderung auch Entwicklungspotenzial entdecken und dieses nutzen?
* Was ist es genau, was Ängste schürt?

Der Vertriebsleiter führt aktiv durch den Wandel

Viele Mitarbeiter empfinden Veränderung nicht als sinnvoll, sehen sie als kontraproduktiv oder sogar als „Feind". Warum soll etwas morgen nicht mehr funktionieren, wo es doch jahrelang funktioniert hat? Insbesondere strategische Veränderungen im Bereich der Zielgruppe, des Produktmanagements oder der Preisgestaltung befinden sich nicht im Blickfeld eines Vertrieblers. Alles Themen, welche die eigene Routine durcheinanderbringen.

Führungskräfte müssen hier Orientierung geben und klarmachen, dass dieser Weg gemeinsam gegangen wird. Und dass beide Seiten auf die Unterstützung des anderen angewiesen sind, damit dieser Prozess erfolgreich verläuft. Kollegialer Zusammenhalt und die Gewissheit, die Rückendeckung der Führungskraft zu haben, setzen Energien frei (Füreinander, Kooperation).

Veränderungsprozesse laufen immer nach dem gleichen Muster ab, und zwar in aufeinanderfolgenden Phasen (vgl. Abb. 4.2).

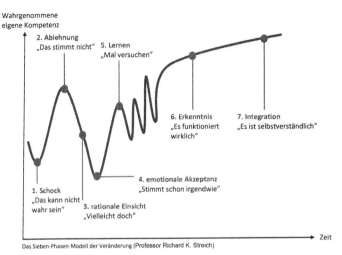

Wahrgenommene
eigene Kompetenz

2. Ablehnung
„Das stimmt nicht"   5. Lernen
„Mal versuchen"

6. Erkenntnis   7. Integration
„Es funktioniert   „Es ist selbstverständlich"
wirklich"

1. Schock
„Das kann nicht
wahr sein"   3. rationale Einsicht
„Vielleicht doch"

4. emotionale Akzeptanz
„Stimmt schon irgendwie"

Zeit

Das Sieben-Phasen-Modell der Veränderung (Professor Richard K. Streich)

Abb. 4.2 Der Veränderungsprozess. (Quelle: Phasen nach Fatzer 2001, eigene Darstellung)

Moderieren Sie diesen Prozess und gehen Sie voran. Wenn Sie dabei folgenden Rahmen schaffen, dann haben Sie beste Chancen, dass Ihnen dabei möglichst viele Mitarbeiter folgen.

Strahlen Sie ein ausreichendes Maß an Eigenmotivation, Integrität und Begeisterung aus. Nicht zu viel, aber auch nicht zu wenig. Diese Grundhaltung erwarten alle Mitarbeiter, insbesondere aber diese, die noch skeptisch sind und deshalb besonders darauf achten, wie die Führungskräfte auftreten. Die Mitarbeiter müssen grundsätzlich den Eindruck haben, dass die unmittelbare Führung grundsätzlich „dahintersteht". Was nicht heißt, dass Sie die rosarote Brille aufhaben oder so tun müssten, als wäre das alles kein Problem. Im Gegenteil – Sie benötigen ein offenes Ohr und ehrliches Verständnis für die Mitarbeiter.

Sie müssen inspirieren. Wenn die Eigenmotivation der Mitarbeiter nicht hoch genug ist, dann greifen Sie in die

Methodenkiste der Motivierung. Stiften Sie Sinn, generieren Sie persönlichen Nutzen, Belohnen Sie und geben Feedback für den Fortschritt.

* Bringen Sie die richtigen Menschen im Team in den Dialog. Und zwar diese, die sich gegenseitig helfen und unterstützen. Bilden Sie keine Changegrüppchen oder Bewahrergrüppchen. Bringen Sie einerseits Menschen zum Austausch, die eher eine kritische Einstellung haben, und solche, die Veränderung vorantreiben. Auf dieser Ebene regelt sich vieles einfacher als auf der Chef-Mitarbeiter-Ebene.

* Seien Sie immer wertschätzend! Sehen Sie die Fortschritte bei jedem Mitarbeiter, besonders bei denen, von denen Sie wissen, dass sie sich schwertun. So viel Verständnis wie nötig, so viel Energie für das Weitergehen wie möglich. Wie weit jemand bereit und/oder fähig ist, die Veränderung mitzugestalten und mitzugehen hat immer Konsequenzen. Sprechen Sie mit den Mitarbeitern über diese Konsequenzen, nicht als Drohszenario, sondern als mögliche Ergebnisse. Jeder sollte sich dieser Konsequenzen bewusst sein (positiv wie negativ), damit er eine gute Entscheidung treffen kann.

Nehmen Sie sich ausreichend Zeit für Veränderungen und erkennen Sie an, dass Veränderungen eine gewisse Zeit benötigen. Eine Weisheit aus Afrika lautet:

> Das Gras wächst nicht schneller, wenn man daran zieht.

Literatur

De Bono E (2016) Six thinking hats. Penguin books, London

Fatzer G (2001) Lernende Organisation und Dialog als Grundkonzept der Personalentwicklung. Schnieder, Hohengehren

Glatz H, Graf-Götz F (2003) Organisation gestalten. Neue Wege und Konzepte für Organisationsentwicklung. Beltz, Weinheim

Hintz O (2014) Das Führungsteam – wie wirksame Kooperation an der Spitze gelingt. Springer Gabler, Wiesbaden

Hüther G (2013) Was wir sind und was wir sein könnten: Ein neurobiologischer Mutmacher, 9. Aufl. Fischer, Frankfurt

Sprenger RK (2018) Radikal digital: Weil der Mensch den Unterschied macht – 111 Führungsrezepte. Deutsche Verlags-Anstalt, München

Streich RK (2016) Fit for Leadership: Führungserfolg durch Führungspersönlichkeit. Springer Gabler, Wiesbaden

5

Interview mit dem Osteopathen und Heilpraktiker Andreas Lux: Was Sie für Ihren Körper und Geist und damit gegen den Stress tun können

Frage: Was ist Stress genau?

Stress im gesundheitspsychologischen Sinne ist eine körperliche und psychische Reaktion eines Menschen auf eine als nicht bewältigbar wahrgenommene Situation. Das bedeutet, dass Stress immer individuell empfunden wird, es gibt also nicht „*den* Stress". Indem wir bestimmte Situationen und Umstände durch unsere Wahrnehmung als nicht bewältigbar einstufen, entsteht eine Stressreaktion.

Frage: Woran kann ich an mir selbst erkennen, dass ich an einem temporären oder vielleicht sogar dauerhaften Stress leide?

Da gibt es eine Reihe von Symptomen, die stressbedingt auftreten können. Dazu gehören häufig allgemeine Verspannungen, Schlafstörungen (häufiges Aufwachen, unruhiger Schlaf) Konzentrationsschwierigkeiten, Müdigkeit, Antriebslosigkeit. Aber auch Blutdruckprobleme, Kiefergelenksprobleme oder Kopfschmerzen gehören dazu.

© Springer Fachmedien Wiesbaden GmbH, ein Teil von Springer Nature 2020
M. Euler, *Der Anti-Stress-Trainer für Vertriebsleiter*, Anti-Stress-Trainer, https://doi.org/10.1007/978-3-658-28265-3_5

Frage: Werden die Symptome deiner Erfahrung nach immer gleich mit Stress in Verbindung gebracht oder anderen Ursachen zugeordnet?

Zum einen ja, zum anderen nein. Das Wort Stress ist ja sowieso in aller Munde und wird teilweise auch recht inflationär gebraucht. Es sind im ersten Moment sehr allgemeine Symptome, und von daher kann man sie vielen Ursachen zuschreiben. Es können auch Vitamin- oder Mineralienmängel sein. Auch eine zugrunde liegende Depression ist denkbar oder eine schwere Erkrankung, deren Anfangsverlauf ähnliche Symptome aufweist. Es gilt also, schnell und genau zu untersuchen, wo die Ursachen liegen.

Frage: In der neuen Arbeitswelt gibt es immer mehr Freiheiten und Wahlmöglichkeiten. Mitarbeiter setzen ihre Ziele selber, organisieren sich und dürfen viele Dinge entscheiden. Können diese – an sich sehr positiven – Veränderungen auch in den Stress führen?

Diese neuen Freiheiten können auch „Nebenwirkungen" haben. Denn mehr Freiheit heißt auch mehr Verantwortung. Das kann für manche Menschen zu psychischen und körperlichen Belastungen führen. Auch die immense Geschwindigkeit in der heutigen Arbeitswelt und das Tempo der Digitalisierung werden besonders an Führungskräfte durchgereicht. Das erfordert eine hohe Selbstkompetenz.

Frage: Welche Rolle spielt die Ernährung, um sich für die Anforderungen des Führungsalltags, insbesondere für kognitive Höchstleistungen fit zu halten?

Hier gilt tatsächlich das Sprichwort: „Essen und Trinken hält Körper und Geist beisammen." Eine ausgewogene Ernährung ist das A und O. Sie stellt die Versorgung mit wichtigen Bausteinen sicher. Z. B. Vitamine, Mineralien, Spurenelemente, Aminosäuren, Enzyme. Und diese sorgen dafür, dass wir nicht nur körperlich, sondern auch geistig fit bleiben. Besonders Führungskräfte benötigen einen „wachen Geist", eine ausgeprägte Wahrnehmung und Energie für wichtige Entscheidungen.

Frage: Hilft da sogenanntes Brain- oder Powerfood?
Meiner Meinung nach wird es überbewertet. Es gibt immer wieder Trends zu gewissen Lebensmitteln, aber diese sind oft unsinnig. Wenn man sich mit den Nahrungsmitteln näher beschäftigt, wird man schnell erkennen, dass eine ausgewogene Ernährung völlig ausreicht. Schließlich sind ja nicht alle von uns Leistungssportler, und selbst diese kommen mit einer ausgewogenen Ernährung gut über die Runden. Denn selbst im Leistungssport arbeitet man nicht mit massiver Zufuhr von Nahrungsergänzungsmitteln, sondern mit Ernährungskonzepten, die individuell gestaltet werden. Wer auf seine Ernährung achtet, sollte genau hinschauen, was er da wirklich isst und trinkt. Denn die Marketingabteilungen der Food-Industrie sind sehr einfallsreich, was das Spiel mit wohlklingenden Namen und Begriffen angeht.

Frage: Was tust du als Osteopath, um das Wohlbefinden und die Leistungsfähigkeit deiner Patienten wiederherzustellen?
An erster Stelle stehen ein Eingangsgespräch und eine umfassende Untersuchung, um festzustellen, in welchen Systemen Probleme vorhanden sind.

Wichtige Faktoren sind das vegetative Nervensystem und das Stresssystem der Nieren und Nebennieren. Diese müssen einwandfrei funktionieren, um eine optimale Anpassung an die Anforderungen des Alltags zu gewährleisten. Das kann man nicht durch einen Fragebogen à la „Wie gestresst sind Sie wirklich?" herausfinden.

Wenn Blockaden im physischen Bereich vorhanden sind, werden diese erst einmal behandelt und gelöst. Die Gaben von Zusatzstoffen wie Mineralien, Vitaminen etc. helfen, das gestörte System kurzzeitig zu puffern und eine normale Funktion wiederherzustellen. Tipps und Ideen zur Ernährung und Lebensführung runden das Konzept ab.

Frage: Kann die Osteopathie auch dabei helfen, seelische Blockaden abzubauen?
Wenn man den Zusammenhang zwischen Körper und Geist betrachtet, dann ja.

Die Voraussetzung ist, dass der Körper in all seinen Ebenen einwandfrei funktioniert und die normale physiologische Funktion zugrunde liegt.

Frage: Gibt es einfache Übungen, die einem im Alltag behilflich sind?
Generell sind Atemtechniken sehr empfehlenswert. Durch tiefes Ein- und vor allem auch Ausatmen tritt schnell Entspannung ein, und darüber hinaus wird der Körper wieder mit ausreichend Sauerstoff versorgt. Auch regelmäßige Meditation, Autogenes Training und Resilienzcoaching helfen beim Stressabbau. Resilienz ist die psychische Widerstandsfähigkeit von Menschen gegenüber biologischen, psychologischen und psychosozialen Risiken. Dadurch werden wir psychisch widerstandsfähiger und bleiben trotz Risikobelastung gesünder. Aber auch „Klassiker" wie To-do-Listen helfen dabei, den Überblick zu behalten und Wichtiges vom Unwichtigen zu unterscheiden.

Frage: Wie kann ich Stress vorbeugen?
Da beginne ich mal eine lange Liste … Regelmäßiger Sport, ausgewogene Ernährung, Regulation der Tagesabläufe, ausreichend Schlaf, regelmäßige Auszeiten aus der Hektik des Alltags. Und: soziale Kontakte pflegen und sich selbst etwas Gutes tun.

Vielen Dank für das Gespräch.

6

Schlusswort

Führungskräfte sind Menschen. Sie tragen Verantwortung für andere Menschen, für den Unternehmenserfolg und vor allem für sich selbst. Und deswegen kommt die wichtigste Botschaft zum Schluss: **Sorgen Sie für sich selbst und passen Sie auf sich auf.** Und wenn Sie etwas aus diesem Buch umsetzen, dann seien Sie ruhig egoistisch und tun es erst einmal für Ihr eigenes Wohl. Bei aller Leidenschaft: Es ist nur ein Beruf, und Sie sind ersetzbar. Niemand will das gerne hören, aber es ist so.

Sie dürfen sich bei der Arbeit wohlfühlen, nein, Sie müssen es sogar. Denn es gibt noch zu viele Führungskräfte, die sich nicht wohlfühlen und dies auf andere übertragen. Bewusst oder unbewusst.

Ich höre immer wieder die Frage: „Was kommt auf den Vertrieb zu – wie entwickelt sich das alles?" Ich bin ehrlich, ich kann die Frage nicht eindeutig beantworten. Ich habe in diesem Buch meine pesönliche Prognose beschrieben. In drei Dingen bin ich mir aber sehr sicher.

© Springer Fachmedien Wiesbaden GmbH, ein Teil von Springer Nature 2020
M. Euler, *Der Anti-Stress-Trainer für Vertriebsleiter*, Anti-Stress-Trainer,
https://doi.org/10.1007/978-3-658-28265-3_6

1. Auch wenn technische Lösungen an manchen Stellen den Menschen „ersetzen" werden: Der Mensch wird im Vertrieb immer die wichtigste Rolle spielen. Das Internet kann nicht verkaufen, wie mein Mentor Thomas Zacharias einmal gesagt hat.

2. Die Auswirkungen der Leistung von Führungskräften im Vertrieb werden immer deutlicher spürbar und wirken sich noch mehr auf den Erfolg oder Misserfolg eines Unternehmens aus.

3. Die Themen „Stressvermeidung" und „Stressbewältigung" werden immer wichtiger. Nicht nur für den beruflichen Erfolg. Nein, vielmehr um glücklich zu sein. Um ein zufriedenes, sinnerfülltes Leben führen zu können.

In diesem Sinne hoffe ich, dass ich Ihnen mit diesem kleinen Büchlein etwas Gedankenfutter mitgeben konnte. Vielleicht (oder hoffentlich) habe ich Sie auch ein bisschen verwirrt. Aber das ist ein gutes Zeichen, denn Verwirrung ist ein guter Ausgangspunkt für Veränderung und neue Gedanken. Und wenn ich meinen Beitrag dazu leisten konnte, dass sich bei Ihnen, Ihren Mitarbeitern und im Unternehmen etwas zum Positiven verbessert und zu weniger Stress führt, dann hat sich die ganze Arbeit auch gelohnt. Vielen Dank auch an Nele Kreyßig, Peter Buchenau und Andreas Lux für ihre Beiträge. Ich schätze sie sehr aufgrund ihrer Persönlichkeit und ihrer fachlichen Expertise. Ein großer Dank gilt auch meinen Kunden, insbesondere den Führungskräften, die mir durch ihr Vertrauen und ihre Offenheit ermöglichen, sie zu unterstützen und erfolgreicher zu machen.

In diese Sinne wünsche ich ihnen viel Spaß, weniger Stress und viel Erfolg im schönsten Beruf überhaupt: dem Vertrieb!

Printed in the United States
By Bookmasters